JN030012

フランス革命の女たち

激動の時代を生きた11人の物語

池田理代子著

新潮社版

11851

彼女たちがそれぞれに、美貌《びぼう》と愛によって或《ある》いは才気と知性によって、どのように歴史の表舞台に躍り出てその名を永くとどめるに至ったのか、大いに興味をかきたてられるところです。

――池田理代子

Eon de Beaumont

エオン・ド・ボーモン

1728-1810

▶ 28 ページ

Marie Thérèse Geoffrin

ジョフラン夫人

1699-1777

▶ 42 ページ

Comtesse du Barry

デュ・バリー夫人

1743-1793

▶ 56ページ

Marie Louise Elisabeth Vigée Le Brun

ヴィジェ＝ルブラン夫人

1755-1842

▶ 70 ページ

ルイ16世（1754～93）

▶ 92 ページ

Josèphe Jeanne Marie Antoinette

マリー・アントワネット

1755-1793

▶ 79 ページ

Josèphe Jeanne Marie Antoinette

▶ 99 ページ

ハンス・アクセル・フォン・フェルゼン
(1755〜1810)

▶ 95 ページ

Jeanne Manon Roland

ロラン夫人

1754-1793

▶ 118 ページ

Théroigne de Méricourt

テロアーニュ・ド・メリクール

1762-1817

▶ 132 ページ

Charlotte Corday d'Armont

シャルロット・コルデー

1768-1793

▶ 146 ページ

Lucile Desmoulins

リュシル・デムーラン

1771-1794

▶ 162 ページ

マリー・アントワネット（1755〜1793）とその子供たち

▶ 86 ページ

Marie-Thérèse de France

マリー・テレーズ・ド・フランス

1778-1851

▶ 179 ページ

Bernardine Eugénie Désirée

デジレ

1777-1860

▶ 192 ページ

フランス革命の女たち　激動の時代を生きた11人の物語　目次

フランス革命の女たち

激動の時代を生きた11人の物語

はじめに

「十八世紀に生きた者でなければ、生きる歓《よろこ》びを知ったことにならない」と言ったのは、フランス大革命の時代を生き、ナポレオンの下で外相となったタレーランです。十八世紀はしかし、激動の大革命をはさんで前と後とでは、著しく様相を異にするように思える世紀です。

大革命以前のフランスと聞いて、まず私たちが真っ先に思い浮かべるのは、太陽王ルイ十四世の治世からフィリップ・ドルレアンの摂政《せっしょう》時代（レジャンス）、ルイ十五世時代を経てルイ十六世の治世に至る間に、絢爛《けんらん》と咲き誇る女性たちの嫣然《えんぜん》たる微笑であり、身を少し斜めによじって絹のドレスの光沢をこれ見よがしに誇示している優美な姿の数々ではないでしょうか。十八世紀を、〃女性たちの支配した世紀〃と呼ぶ歴史家もある通り、この時代を語るときに、私達はどうしても何人かの耳に馴染《なじ》んだ女性たちの名を挙げない訳にはいきません。そして、それらの女性達の生涯を辿《たど》りながら、いつの間にか、ひとつの国における女性の解放の決定的な歩みがこの世紀において成し遂げられたのだという事に気づかされるでしょう。

法律的な面からのみ言えば、この世紀は大革命前もそして驚くべき事に大革命後においても、未《いま》だ女性に一人前の人間としての存在を許さない時代でした。ジャン＝ジャック・ルソーによってフランス女性たちが生き方を変えられた後でさえ、相変わらず、法律上女性は一生未成年のままであり、従って女性に対して権力を与える事は禁じられており、結婚まで父親の後見の下にあった女性が結婚後は夫の後見に委《ゆだ》ねられるという、ただそれだけの存在に過ぎなかったのです。

にもかかわらず、女性達はこの世紀を支配したと言われます。個々への評価は時代によって或《あ》るいは歴史家によって様々に異なりますが、彼女たちがそれぞれに、美貌《びぼう》と愛によって或いは才気と知性によって、どのように歴史の表舞台に躍り出てその名を永くとどめるに至ったのか、大いに興味をかきたてられるところです。それを探る事は、とりもなおさず彼女たちの存在を支えた時代背景を知ることであり、また世界に先がけて成し遂げられたブルジョワ革命の、真の姿を知るよすがともなることでしょう。

I

女装の騎士
エオン・ド・ボーモン
Eon de Beaumont

1728-1810

エオン・ド・ボーモン（1728〜1810）
1771年　ロンドン、大英博物館蔵

肖像画に描かれた騎士エオンは、いかにもこの本の冒頭を飾るにふさわしい美女です。私達は、この魅惑的な眼差《まなざし》と美貌を持つ貴婦人が、実はれっきとした男性であり、しかもロシアやイギリスまでをも股《また》にかける辣腕《らつわん》の外交官であったことに二重に驚かされてしまいます。

〝朕《ちん》は国家なり〟の名セリフで知られ、フランスをヨーロッパの重鎮のひとつに築きあげた太陽王ルイ十四世。そのルイ十四世のかがやかしい治世から、激動の大革命に至る道をたどってみようとする時に、当時のフランスという国家が置かれていた外交上の位置を探ることも、また重要な課題のひとつといえるでしょう。

近代的に整備された軍隊と官僚制を持つ国家が初めてヨーロッパに出現し、つぎつぎとその強力な国家体制を固めていった十七世紀から十八世紀にかけては、ヨーロッパが相次ぐ大きな戦乱の巷《ちまた》となった時代でした。絶対主義王制が発展するにつれて、自国の利益を確保しそれを更に強化するために、各国は、領土拡大の必要性を痛感するようになります。殊《こと》にフランスにおいては、太陽王ルイ十四世の領土拡大熱はひとかたならぬものがあり、王自身、「戦争は偉大な君主の当然の使命である」とさえ考えていたほどですから、彼の指揮の下、四回にわたる大規模な侵略戦争が行なわれました。

こうしたフランスの勢力拡大に対し、オーストリアやオランダ、スペイン、イギリスなどのヨーロッパ列強は連合をもって抗することになります。十八世紀になりますと、旧来の列強の他に、ロシア、プロシャが新しく台頭して来て、勢力地図は、いよいよ複雑なものへとなってゆき、同盟と戦争が繰り返し行なわれることになってゆきます。

この時代に、それぞれの君主たちの命を受けて列強の間を往来した外交官達の活躍ぶりは、表向きの評価よりはるかに重要な意味を持つものでした。騎士エオンも、そうした外交官のひとりであったのです。

ロシアに潜入した女スパイは……

エオンは、法律家ルイ・ド・ボーモンの息子として生まれ、当然のごとく、パリのマザラン学院で法律学を修めました。しかし彼の興味は単に法律だけにとどまらず、剣術・馬術を始めとする武術、或いは政治・経済から広く文芸一般に至るまで深い関心を寄せ、その修得に励んだようです。また、冒頭の肖像画でも十分窺《うかが》い知る事ができるように、エオンは大変な美男子でもありました。

そんな彼に目を留め、外交官として重用したのはルイ十五世です。ルイ十四世の曾《そう》孫《そん》にあたるこの王は、領土拡大に対して先王ほどの積極さこそ見せませんでしたが、複雑化する国際関係のただ中にあって、フランスの強大化、絶対主義王制の維持のために心を砕かねばならないという点においては、ルイ十四世と変わらない立場にあったと言えましょう。

そのルイ十五世を補佐し外交上の重大決定を下すにあたって、常に強大な発言権を持ったのはショワズール公ですが、この表向きの外務省に対して、いわばルイ十五世私設の外務省とでも言うべき機関がありました。エオンは、その私設外務省に属する秘密外交官、言ってみればスパイのような役割を担《にな》っていた訳です。

エオン自身に女装の趣味があったのかどうか、それは定かではありませんが、ともかく彼は王命により女装させられる事となりました。一七五五年のことです。エオンの帯びた密命というのは、当時ヨーロッパに台頭し、侮《あなど》り難い勢力となりつつあったロシアに赴《おもむ》き、断絶に近い状態にあったフランスとロシアの国交を回復する事にありました。

その頃のロシアには女帝エリザヴェータが君臨しており、ロシアと時期を同じくして力を伸ばしてきたプロシャのフリードリヒ二世と、悉《ことごと》く対立を繰り返していました。

そのため、一七四〇年から始まったオーストリア継承戦争においても、オーストリア側に与《くみ》しプロシャと戦ったのでした。

一方、フランスはこの戦争においてプロシャ側に与して戦ったため、フランスとロシアの国交は、極めてまずい状態にあったのです。しかしルイ十五世は北方の新興勢力ロシアとの友好関係を望んでおり、そのために、この微妙で密《ひそ》かな使命がエオンに託されたのでした。エオンは女装し、マドモアゼル・リア・ド・ボーモンの旅券を与えられてロシアに向かいます。

ロシア女帝エリザヴェータは、ピョートル大帝の実の娘にあたり、大帝の没後さまざまの紆余曲折《うよきよくせつ》を経てからクーデターによって帝位についたのですが、彼女自身は政治にはあまり深い関心を持っていませんでした。父のピョートル大帝が熱心にロシアを〝ヨーロッパ化〟しようとしたのに倣《なら》って、エリザヴェータも宮廷をフランス式にする事に熱心でしたが、それは専《もっぱ》ら、ファッションやダンスのステップ、宮廷での作法とかいった上すべりなものに限られておりました。並はずれたおしゃれで、ロシア一と謳《うた》われた美貌を誇り、〝フランス風〟を夢みるエリザヴェータにとって、フランスからやって来た美しいマドモアゼル・ド・ボーモンの洗練された優美さは、興味を喚起《かんき》するに十分のものだったに違いありません。エオンは忽《たちま》ちエリザヴェータのお気に入りとなり、彼女のフランス語教師に任命されるなどの寵遇《ちょうぐう》を得られたのでした。

エオンの方では、その炯眼《けいがん》によってじっくりとエリザヴェータ女帝の性向やロシア政府の思惑を観察し、とうとうロシア女帝の返書をルイ十五世にもたらす事に成功しました。その翌年には、今度は男装で再びロシアを訪れます。ボーモン嬢の兄という

半分男装、半分女装のエオンのカリカチュア
“Jours de France”より

触れ込みでした。

エオンの舞台裏の工作が成功して、ロシアはフランスとの同盟に踏み切ることとなり、この功によって、エオンはルイ十五世から二千五百リーヴル〔39ページ注参照〕の年金を与えられ、竜騎兵士官に任命されました。

その後三度《みたび》ロシアに派遣された彼は、エリザヴェータ女帝の死によって皇位を継承したピョートル三世がその妻エカテリーナのクーデターによって暗殺される一七六二年まで、かの地にとどまります。このロシア宮廷滞在の思い出を綴《つづ》ったメモワールの中でエオンは、当時のロシアがポーランドに対して並々ならぬ野望を抱いていた事を暴露しており、事実エオンがロシアを去って十年の後に、エカテリーナ二世・フリードリヒ二世・ヨーゼフ二世による第一次ポーランド分割が遂行されたのでした。

華麗なる変身外交

ロシアより帰還して後のエオンは、今度は大使館づき秘書官としてイギリスに渡り、ルイ十五世のために働く事になります。イギリスにおいては、時には男装、時には女装をして盛んに活動し、そのためロンドンではエオンの性別について人々が談論風発、ついには賭《か》けまでが行なわれたほどでした。

エオンの方はと言えば、そういう人々の騒ぎようを楽しんでもいたふしがあります。男性としての彼は、もちろん魅力的な女性との情事を楽しむ事も忘れてはいません。その中のひとつの情事などは、イギリス王家のスキャンダルにさえなりかねない程のものだったため、慌《あわ》てた彼はお得意の女装でするりと窮地《きゅうち》を脱するような事もやってのけるのです。

こうして、与えられた任務を順調に遂行していたエオンでしたが、彼をこころよく思わない政敵ゲルシー伯爵《はくしゃく》の陰謀におち、公務を免職になってしまいます。失意のままイギリスに留まるエオンに対し、ルイ十五世は、表面上は彼を追放状態にしつつも、実際は、年金一万二千リーヴル［39ページ注参照］を与えるなど、出来る限りの便宜《べんぎ》を計らってくれるのでした。そしてまたエオンの方もよくルイ十五世の寵遇に応《こた》えて、ルイ十五世が死去するまで依然としてフランス側の代表として、政治の舞台裏工作のために尽したのです。

エオンがイギリスから祖国フランスへ帰還するのは一七七七年。フランス宮廷は既に世代が交替し、ルイ十六世の時代になっています。

エオンの評判を聞いていた王妃マリー・アントワネットは、彼の女装を殊《こと》の外《ほか》気に

1787年4月9日、カールトンハウスで行なわれた
サン＝ジョルジュとエオン（右）によるフェンシングの試合
アレクサンドル・オーギュスト・ロビノー画

入ったと見えて、彼女のお抱え裁縫師ローズ・ベルタン嬢にエオンのドレスの面倒を見ることにさせたというほどでした。これ以後エオンは政府から正式に女装を命ぜられ、《女騎士（La chevalière）エオン》と署名する事になります。フランス革命が勃発《ぼっぱつ》してからは、自ら《新しいフランス共和国の女市民（La citoyenne）》と称していました。

流浪《るろう》の果て

このように、女装と男装を時宜《じぎ》に即して巧みに使いわけ、遠くは陰謀に満ちた北方の新興ロシア宮廷の権力争いにあずかり、或いは海を隔てた古くからのフランスのライヴァル国イギリスにあって、七年戦争の後始末としてのパリ条約締結準備に貢献するなど、歴史の舞台裏の仕掛人として華麗に活躍したエオンでしたが、その晩年はあまり幸福なものとは言えなかったようです。一七七八年にイギリスとの国交が断絶状態になるや、エオンはフランス政府によって捕えられ監禁の憂《う》き目に遭いますが辛うじて脱獄、再びイギリスに渡ると、生涯を彼《か》の地で終えることになります。

イギリスでは、もはや人々は以前のようにエオンを顧《かえりみ》ることはありませんでした。

経済的にも困窮しロンドンでの生活は大変みじめなものだったようです。幸い剣の腕前に秀《すぐ》れていたので、騎士サン＝ジョルジュと組んでフェンシングの見世物などをして生計を立てたりしました。外交的な根回しの切り札としての女装さえも、時には見世物にしなければならないほどの困窮ぶりでした。見かねたイギリス国王ジョージ三世が後に救いの手を差しのべ、エオンに年金が与えられる事になります。

一八一〇年、エオンは人々に忘れ去られたまま不遇のうちに息を引きとりました。

フランス絶対主義王制の栄光にようやく翳《かげ》りが見え始めたルイ十五世の在位後半から、フランス大革命までの激動する時代を、秘密政治外交員として生きたエオンは、しかし、単なる政府のスパイにとどまらない卓越した見識の持ち主でもありました。彼が残した多くの著作に、私達は政治や経済問題に対するエオンの鋭敏な観察眼を読みとることができるでしょう。

［注］

18世紀アンシャン・レジーム下のフランスの貨幣価値を現在の日本円に換算するのは難しい。当時の貨幣価値は不安定で、その時々や地方によっても細かく変動し、比較の基準を何におくかでも異なるためだ。

金をベースにすると、１７８５年当時の1リーヴルの価値は純金０・３１２グラムで、２０２１年4月の金価格に換算すると1リーヴルは約２０００円。一方で、当時のパリのパンの価格（2キロ５～12ソール。1リーヴルは20ソール）を基準にすると、１リーヴルは１０００円台と考えられる。ちなみに労働賃金では、１７６０年のボルドー地方の工事現場で、日当が7ソールという記録もあるという。

この件に関して、在日フランス大使館広報部参事官代理 Landry Pierrefitte 氏に協力と助言をいただいた。

II

エスプリの女神
ジョフラン夫人

Marie Thérèse Geoffrin

1699-1777

ジョフラン夫人（1699～1777）
マリアンヌ・ロワール画　1760年頃
ワシントン、国立女性美術館蔵

〃摂政時代〃（レジャンス）という言葉を用いるとき、私たちの脳裏に浮かぶのは、フランス貴族たちの並はずれた肉体的遊蕩《ゆうとう》と、あらゆる種類の悪徳に満たされた紊乱《びんらん》の時代の様子です。

一七一五年、ヴェルサイユ宮廷に大いなるフランスを築きあげた太陽王ルイ十四世が逝去したとき、王室は直系の世継ぎとして、年端《としは》もゆかぬ少年を一人しか確保していませんでした。そのために、ルイ十四世の甥《おい》にあたるフィリップ・ドルレアンが、王位継承者を補佐し代わって政治をとる〃摂政〃の任につくことになり、ここに、あの悪名高い〃摂政時代《レジャンス》〃の幕が開きます。

女性の手による文芸の開花

フィリップ・ドルレアン公自身は、しかし〃摂政時代《レジャンス》〃の倦《う》んだような腐臭から想像されるような無知蒙昧《もうまい》な、享楽《きょうらく》のみに興味を抱く人物像とは違って、実際は、傑出した知性と人並みすぐれた天与の才に恵まれており、広範な分野にわたるその学問的な造詣《ぞうけい》の深さと、政治家としての素晴しい能力は、かのルイ十四世をして危惧《きぐ》を抱かしめるほどであったといわれます。しかし彼には、どこか偽悪家ぶるようなところがあり、また神を信ずることがなく、それどころかむしろ、自分の無信仰を公然と表明して人々の度肝《どぎも》を抜くことにシニカルな喜びを感じるというような面がありました。

こういう風変わりな元首のもとに、フランスは〝摂政時代《レジャンス》〟という、独特な精神的、文化的風土をもつ時代を迎えたわけです。そして、ありとあらゆる道徳がゴブラン織りの衝立《ついた》ての向こうに隠され上流社会の城館の窓々から追い出されてしまったかのような、さながら酒池肉林を思わせるこの〝摂政時代《レジャンス》〟に、極めて質の高い閨秀《けいしゅう》サロンが突然のように華々しくよみがえってくるのです。

際限もなく自由に乱れた男女関係や退廃の空気が、かえって人々に芸術や文学に対する傾倒を深めさせたのか、或いは何かしら知的で真面目《まじめ》な事に没頭したいという反動であったのか、いずれにせよ、この〝摂政時代《レジャンス》〟は、あらゆる種類の文芸に対する熱烈な関心が呼び起こされた時代でもありました。

そのような素地のできあがりつつあったところへ、〝サロン〟の隆盛のためにまことに好都合な条件が加わります。つまり、ルイ十四世の死後、ヴェルサイユで宮廷が営まれることはなくなってしまい、また摂政となったフィリップ・ドルレアンは自分を中心に人々が集まることを殊《こと》に望まない人物でしたので、貴族たちはそれぞれに小さな〝社交界〟を開いてゆくことになり、そこからいわゆる文芸サロンが花開いていくことになったのです。

　では、その文芸サロンの主だったものが、ことごとくに女性の手に委《ゆだ》ねられていたというのはどういう訳だったのでしょうか。

　絶対主義体制の強化にともなう男性の無気力化と、それに相対する女性の存在の優越性、ルイ十四世時代末期からフィリップ・ドルレアンの摂政時代にかけてもたらされた度はずれた自由な風潮が、この時期の女性たちに与えることになる意志的な生き方、そして、政局の安定などの理由により人々が子弟の教育にも関心を向けることができ始めた結果、女性たちの教養が高まっていたこと……等々、探っていけば、そこにはいくらでも興味深い理由が見つけだせそうです。

　この時代、法律的には女性は決して一人前と見做《みな》されることはなく、終生父か夫の後見に委ねられて生きなければならなかったのですが、そのかわり、いつのまにか精神面において優越性を勝ちとっていた女性は、女性であることのすべての利点を駆使して時代に君臨しました。フランス女性たちは、「戦争をおこしたり、やめさせたり、また同盟条約の締結や破棄を行ない、詩人や政治家に霊感を与えた。彼女らは、文芸の庇護《ひご》者であり、文士たちの女神《ミューズ》、助言者であった。女性の喝采《かっさい》が失敗しかかった悲劇作品を救い、その蔑視《べっし》が成功しかかっていた喜劇作品を殺すことになった」とまで言われる程の影響力を手に入れていたのでした。

そしてこの傾向は、一七二三年に摂政フィリップ・ドルレアンが亡《な》くなり年若いルイ十五世が即位（彼が自ら親政を行なうにはあまりにも若すぎたので、ブルボン公が宰相となって補佐にあたった）してからも、変わるどころかますます強まっていきます。ルイ十五世が宮廷をヴェルサイユへ戻してからも、あちこちに根をおろしたサロンは、そのままの勢いを保ち続け、ここに、閨秀サロンの大流行の時を迎えることになるのです。

〝ビューロー・デスプリ〟

十八世紀のサロンの最初のものは、メーヌ公妃のソーの邸《やしき》でのそれであったと言われています。

メーヌ公妃は、ルイ十四世とモンテスパン夫人との間にできたメーヌ公に嫁《か》し、その才知によって夫を支配し守《も》り立てて、ヴェルサイユの宮廷に対抗するような勢いの小宮廷を自分の周りにつくりあげますが、野心に溺《おぼ》れるあまり、ルイ十四世の逝去後失墜を余儀なくさせられ、ソーの邸に引きこもります。その折に、彼女は自分の孤独をまぎらわせるために、文人を邸に招き彼らを援助することを思いつきました。もともと文人たちは、たいがい定まった財産などとは縁がなく、ブルジョワジー（有産階級の市民）の居候となってその創作活動を続けていたのですから、居心地のよい暮らしが保証されさえすれば喜んで招待に応じたものでした。

メーヌ公妃のサロンには、多くの文人たちが集まりましたが、中でもモンテスキュー、ヴォルテールの存在は忘れられません。しかしこのサロンでは、後のサロンに見られるような、素晴しく豊かな文学的生産が行なわれることはありませんでした。メーヌ公妃という女性が、あまりに地位の高い女性であり、自分を取り巻く文人たちに自分の下僕をしか見出《みいだ》そうとしなかったから、というのがその理由のようです。したがって、いわゆる〝ビューロー・デスプリ〟らしさを備えたサロンが登場するのは、同時代のランベール侯夫人のところででした。

ランベール侯夫人は、夫の死後マザラン館（現在のフランス学士院）に、当時の最も著名な人々を招き、そこで、多くの名士達が互いに知りあいになり、思想、宗教、文芸の実りある交流が持たれることになるのです。このサロンは、夫人自身の節度ある采配や知性の魅力もあずかって、次第次第に有名になってゆき、規模も大きくなってゆきます。詩人、作曲家、劇作家、画家、役者、聖職者……等々の、あらゆる種類の才人たちの姿がそこに見られました。

そのランベール侯夫人が亡くなると、マザラン館の常連はそっくりそのまま、サン＝トノレ街のタンサン夫人のサロンに移動することになります。

摂政フィリップ・ドルレアンの愛妾《あいしょう》でもあったタンサン夫人は、財産も権勢も手に入れたのちに、人々の尊敬を得たくなって毎週火曜日にサロンを開き始めたのですが、ここでは、ランベール侯夫人のサロンより更に一歩進んで、政治が論じられました。

そして、このサロンでこそ、かのモンテスキューは後のフランス大革命の原点ともなるべき彼の思想を開陳し、名著『法の精神』を書きあげたのです。タンサン夫人は彼の自由主義思想に深く心酔し、『法の精神』が刊行されるや、それをほとんど全部買い占めて知人に配ったほどです。彼女のサン＝トノレ街のサロンで、多くの哲学者たちが、来たるべきユートピアを論じ、そこからまた自由思想家《フィロゾーフ》たちが育っていったのでした。

そのタンサン夫人も、一七四九年には急死してしまい、サロンの常連はこんどは、タンサン夫人の客であったジョフラン夫人のサロンに移っていくことになります。

ジョフラン夫人こそは、十八世紀フランスの〝ビューロー・デスプリ〟の芳香をフランス中、いいえヨーロッパ中に伝播《でんぱ》させ、その栄光を不動のものにした女性だといっても過言ではないでしょう。ここから啓蒙時代は生まれ、やがてフランス大革命に向かって確実な歩みを踏み出してゆくことになるのです。

サロンは自由思想の母だった

ジョフラン夫人、マリー＝テレーズ・ロデは、ブルジョワ階級の出身です。同時代の女性でルイ十五世の寵姫《ちょうき》（愛妾）となった有名なポンパドゥール夫人に見られるように、台頭し実力を着実につけていた富裕なブルジョワ階級の女性たちは、貴族の女性も及ばないような行き届いた教育を与えられ、その知性と教養によって人々の讃嘆《さんたん》を集めたものですが、わがマリー＝テレーズ・ロデも、まさにそういった時代の先端をゆくような富裕なブルジョワ階級の女性だったわけです。

彼女は、幼いうちに両親を失ない、祖母の手で育てられます。そして、この祖母によって彼女は、〝理性を働かせて物を考えるすべ〟を教わりました。祖母のもとで、本を読むことを教えられたマリー＝テレーズは、生来の知性が早くから幸福な形で磨きあげられた数少ない女性のうちの一人となりますが、十四歳の時に同じブルジョワ階級の資産家ジョフランと結婚するのです。

当時のブルジョワジーに属する女性として、ごく平凡な結婚生活であるかのような二人の生活ですが、実のところ、マリー＝テレーズの知性はその夫よりはるかに優《まさ》っておりました。彼女は夫となったジョフラン氏が本も読まないことに驚き呆《あき》れ、何とか夫の錆《さ》びついた知性を目覚めさせようと努力してみるのですが、それはすべて実りのない努力に終わります。もっとも、十八世紀思想の旗頭《はたがしら》としての彼女の名は、やがてフランス国内のみならず遠くポーランドやロシアにまで届いて、各国の元首たちから知的な友人としての待遇を受けることになるのですから、平凡なジョフラン氏の方にしてみれば、あまりにも出来すぎた女房を持ってしまったという事になるのかもしれません。

ジョフラン夫人が自分のサロンを開いたのは彼女が四十二歳のときでした。同じような時期にパリでは、デュ・デファン夫人をはじめとする閨秀サロンが競うようにつぎつぎと開かれて、それぞれに実り豊かな熱気を帯びていましたが、ジョフラン夫人のそれは中でも最も有名なものでした。彼女は月曜日と水曜日に客を招待しましたが、そこはたちどころに当代の超一流の人々の集《つど》うサロンとしての名を轟《とどろ》かせるようになります。

何しろ、知性をもってきこえるロシア女帝エカテリーナがずっと彼女と文通をし、彼女の月曜と水曜のサロンに有給の担当官を出席させようと考えたほどですから、ジ

〝パリ宮廷で影響力を持つ人物のすべて〟が集まったとされる
ジョフラン夫人のサロン。
前列右から3人目がジョフラン夫人。
アニセト・チャールズ・ガブリエル・レモニエ画
1814〜24年頃　ルーアン美術館蔵

ヨフラン夫人のサロンが持っていた影響力の大きさは想像に難くありません。大胆な自由主義思想をひっさげてジョフラン夫人のサロンに登場したドニ・ディドロが語るところによりますと、彼女の周囲には、〝パリ宮廷で影響力を持っていた人物のすべて〟が集まってきていました。グリム、ヴォルテール、ルソー、大数学者のダランベール、過激な革命思想家のオルバック男爵、科学者フランクリンなどの顔がここで見られましたし、あの天才モーツァルトは八歳のときここでクラヴサンを演奏していました。

後にポーランド国王となったスタニスワフ・ポニャトフスキ伯などは、ジョフラン夫人を〝ママン〟と呼んで敬愛し、王位につくと彼女をワルシャワに招待しました。その時彼女は六十七歳になっていましたが、旅行嫌いの彼女が勇気を奮《ふる》って〝息子〟の招待に応えるためにポーランドへの大旅行を敢行するのです。ポーランドでは、ジョフラン夫人は民衆と貴族の熱烈な出迎えを受け、新国王スタニスワフが、彼女のためにパリの彼女の住まいをそっくり再現させた宿舎を用意させるなど、国をあげての歓待に、彼女は、自分の負わされた思想の大使としての役割を十分にかみしめたに違いありません。

彼女が、ロシア女帝エカテリーナ二世、スウェーデン国王グスターフ三世などと交わした厖大《ぼうだい》な量の書簡は、今も、十八世紀革命前夜にフランス思想を一身に具現していた知性の人の、人となりや考え方などを私たちに教えてくれるのです。

彼女は、文芸や思想の理解者であったばかりでなく、実際面においても、途絶えることなく芸術家や作家の生活に心配りをし金銭的な援助を与え続けました。

やがてジョフラン夫人のサロンに出入りをしていた若く美しいジュリー・ド・レスピナス嬢が、夫人の死後、フランスの知性を自分の所に集めてサロンを引き継いでゆきます。若すぎて十分な資力のなかったジュリーのために、人々は様々な援助を与えながら、ジョフラン夫人のもとに大輪の花を咲かせた〝ビューロー・デスプリ〟のふくいくたる香りを、更に更に洗練されたものに育てあげてゆくのです。

ジュリーは〝百科全書《アンシクロペディ》の女神《ミューズ》〟と呼ばれ、やがてサロンの常連の代表格であったダランベールと愛しあい一緒に住むようになりますが、彼女の女性としての愛情生活は必らずしも幸福なものとは言えませんでした。

つまるところ、十八世紀の魅力ある女性たちの力によって開かれた閨秀サロンで育てあげられ、やがてフランス大革命の強力な原動力となった自由思想は、いつのまにか、サロンの〝赤ん坊〟たる立場を越えて成長し、自らを養育するためにサロンを必要とするようになったのだと思われてなりません。ジョフラン夫人でなくとも、或いはレスピナス嬢でなくとも、既に自由思想は自らの力で他のジョフラン夫人を、レスピナス嬢を生み出したかもしれないのです。

III

最後の寵姫

デュ・バリー夫人

Comtesse du Barry

1743-1793

デュ・バリー夫人（1743〜1793）
ゴーティエ・ダゴティ画　18世紀
ヴェルサイユ宮殿美術館蔵

どこかしらもの寂しげな愁《うれ》いを漂わせた目もとをした、月の女神を思わせるような
この女性から、宮廷に権勢を誇った一人の寵姫《ちょうき》を想像するのはなかなか難しい作業に
思えます。ジャンヌ・ベキュ、後のデュ・バリー夫人は、一七六九年からルイ十五世
の逝去までの約五年間をヴェルサイユに君臨し、老王ルイ十五世の最後の寵姫として、
いいえ、結果的にはフランス史上最後の寵姫として、その愛を一身に浴びた美女でした。

情事と恋愛の世紀

フランスの貴族社会における恋愛風俗はつとに有名であり、それを〝粋《いき》〟として、各国の上流社会が倣《なら》ったのは広く知られている通りで、日本でも戦前の華族の社会などで、愛情生活におけるフランス風が洗練された男女の在り方として熱心に摂《と》り入れられたのは、ご存じの方も多いことでしょう。

大革命以前、というよりはジャン＝ジャック・ルソー以前、フランスの上流階級の人々にとって結婚とは、地位や財産の継承を確かなものにするためのひとつの契約にすぎませんでした。従って、結婚は常に親の取り決めの下に行なわれるものであり、そこに結婚する若い二人の意思が立ち入る隙《すき》はほとんどなかったといってもよい状態

だったのです。特に若い女性にとって、自分がいったいどういう男性と結婚させられるのかなどは、それこそ結婚の間際《まぎわ》になってからでないと、両親から知らせてさえもらえないくらい、言ってみればそれは非人間的な慣習であったのです。それ故《ゆえ》にこそ、結婚まえの若い女性にはいっさいの人格は認められず、またその個々の人格の完成せぬうちに結婚させられたのでした。

しかし法律的に、一生未成年のままで男性の後見から抜け出せない女性にとって、この半ば公然たる人身売買に近い結婚は、唯一《ゆいいつ》の解放のチャンスでもあったわけです。結婚によって両親の監督から解放された女性は、はじめて自由に恋愛を（もちろん夫以外の男性と！）する資格を得ることになるのですから。

稀《まれ》には両親によって自分にあてがわれた夫を愛してしまう花嫁もあったようですが、そういう場合彼女は社交界の人々から〝変わり者〟扱いをされる事に甘んじなければなりませんでした。もちろん夫に対してヤキモチをやくなどという行為は、〝最下層の者たちのする〟悪趣味なことであって、社交界ばかりか肉親たちからさえも糾弾《きゅうだん》されてしまうのがオチでした。

ところで一方、夫たちの方はというと、かのルイ十四世による強力な中央集権化、国王の権利の絶対化以来、ほとんどの貴族たちは王とその少数の側近たちの顔色ばかりを窺《うかが》い、何の野心を抱く事もない腑抜《ふぬ》け集団と成り果てていましたので、彼らの唯一といっていい情熱の対象に、恋愛が選ばれたというわけなのでした。従ってその恋愛は、厳密な意味あいでの魂と魂の触れあいとは程遠い様相を呈しており、むしろ〝情事〟という言葉で呼んだ方がふさわしいものだったでしょう。とにもかくにもフランスの上流社会は、この情事に異常なまでの熱意を注ぎ込み、恋愛に関しての夥《おびただ》しい様式や手続きが完成されていく事になるのです。

そういう恋愛風俗の中で、国王もまた宮廷婦人たちと情事を重ねるのはごく当り前のことでした。夫を持つ幾人もの貴婦人たち（未婚の女性は自由な恋愛合戦の仲間入りはさせてもらえませんでしたから）が、華やかに国王の寵を競い、その一方で宮廷に出入りする幾人かの男性たちとも関係を結んでいたのですが、これら国王の〝愛人〟たちは、あくまで愛人であるにとどまり、〝寵姫〟と呼ばれる女性たちとははっきりと一線を画しておりました。

〝寵姫〟と呼ばれるのは、国王自身によって王妃や王太子等の王族および全宮廷に正式に紹介され、その存在を公《おおや》けに認められる、いわば側室のような女性のことを指しました。そしていったん寵姫に宣せられれば、王妃に準ずる扱いを受け、宮廷で権勢をほしいままにすることもできたのですから、国王の愛人にとって寵姫の座はまさに垂涎《すいぜん》の的であったことでしょう。

ルイ十四世も、それ以前の国王たちも、それぞれに愛人や寵姫を持ちましたが、とりわけルイ十五世は多くの愛妾をたくわえた事で後世に名を残しました。そのためにフランス大革命の遠因をつくったとする歴史家もあるほどですが、ルイ十四世の治世の末期、およびそれに続くオルレアン公（フィリップ・ドルレアン）の摂政《せっしょう》政治の時代

ルイ15世（1710〜74）
イアサント・リゴー画　1730年
ヴェルサイユ宮殿美術館蔵

からすでに、フランス財政はかなり深刻な危機を見せていた事を考えれば、国王の恋愛沙汰《ざた》が何ほどのウェイトを占めてあの大革命にあずかったか、疑わしいところです。むしろ責任があるとすればそれは、国王自身の政治的無能と無気力の方であったのではないでしょうか。

とにかく幼少時よりその晩年まで〝フランスで一番の美男〟と容姿を讃《たた》えられたルイ十五世は、美貌《びぼう》には恵まれても一国の帝王たるにふさわしい資質には恵まれなかったようでした。「余は統治に失敗した。余の才のつたなきためであるし、また補佐に人無きためでもあった」とルイ十五世自身遺言《ゆいごん》にそう記しています。〝才つたなき〟国王であれば、寵姫となった女性が代わって政治に手腕を振るうにはもってこいの存在だったことでしょう。

宮廷に現われた平民の女たち

ルイ十五世の寵姫たちに思いを馳《は》せるとき、私たちは真っ先にフランソワ・ブーシエの絵筆になるポンパドゥール夫人のみごとな肖像画を頭に浮かべます。花とリボンとレースに飾られたシックな色あいのドレスを着て長椅子《ながいす》に身をもたれかからせてい

ポンパドゥール夫人（1721〜64）
フランソワ・ブーシェ画　1756年
ミュンヘン、アルテ・ピナコテーク蔵

る、稀代《きたい》の寵姫のふくよかな姿です。デュ・バリー夫人がヴェルサイユに迎え入れられる前、およそ二十年にもわたりルイ十五世及び宮廷に君臨したのは、ジャンヌ・アントワネット・デティオル夫人すなわちポンパドゥール侯爵《こうしやく》夫人でした。彼女のヴェルサイユへの出現こそは、宮廷にとって革命とも言えるほどの大事件だったのです。何故《なぜ》ならこのポンパドゥール侯夫人は旧姓をポワソンという、平民の出だったからです。

ブルジョワジー出身の女性が宮廷を制する事に対して、旧来の貴族階級の受けた衝撃を察するのはたやすいことですが、多くの宮廷人が彼女を嫉妬《しっと》と憎しみの渦でとり囲んだにもかかわらず、彼女は次第次第に持ち前の魅力で権勢を拡大して行きます。ついには宮廷人たちの最も頑迷な層までが彼女の魅力と才能と権勢の前に平身低頭するのを見て、当時台頭しつつあったフランスのブルジョワジーたちはどんな思いがしたことでしょう。

ポンパドゥール侯夫人は、国王との緊密な恋愛関係が途絶えた後も、その心をとらえておくために〝なくてはならぬ女友達〟としての努力を惜しまず、その結果二十年間もヴェルサイユにおいて寵姫の座を守りぬくことができたのでした。それは、ひとつには無気力であまり意志というものを持たぬルイ十五世に、好みにぴったりあった新しい愛人たちを次々に調達することであり、もうひとつには、国政に介入して統治者としての才能を発揮して国王の大切な片腕となることでした。彼女は、この時期の内政外交をほとんど一人でとりしきり、重臣たちを更迭《こうてつ》しあるいは登用し、同盟を結び或《ある》いは戦争を始めました。ショワズール公を宰相の座にのぼらせ、長年にわたって敵対してきたオーストリアと同盟を結び、その結果フランスに七年戦争をもたらしたのは、他ならぬこのポンパドゥール侯夫人、平民出身のジャンヌ・アントワネット・ポワソンであったのです。

フランスの歴史のみならず世界の歴史の動向を大きく左右したこの寵姫が、死によってヴェルサイユから姿を消して五年の歳月が経《た》ってから、宮廷は再びルイ十五世の恋愛をめぐるパニックに襲われることになります。

デュ・バリー夫人すなわちジャンヌ・ベキュの登場です。

ブルジョワ女のポンパドゥールを寵姫として押しつけられた時でさえ宮廷は大変な拒否反応を示したというのに、今度は第三身分であるお針子の私生児で、しかも娼婦《しょうふ》であったと噂《うわさ》される女性が寵姫の座につくことを知らされたときの宮廷の混乱ぶりは、容易に想像がつきます。

高級娼婦から寵姫の座へ

ジャンヌ・ベキュは、一七四三年八月十九日、お針子をしていたアンヌ・ベキュの私生児としてヴォクールールに生まれました。母親のアンヌはかなりの尻軽女との評判で、ジャンヌと弟のクロードを産んでまもなくヴォクールールを去りパリに出てきます。彼女はパリで多くの恋人を持ちながら、姉の世話で金融家のデュムソーという男と結婚することになりました。ジャンヌはこの義父にことのほか可愛《かわい》がられ、はじめてまともな教育を受けさせてもらえることになります。

幼ない頃からジャンヌは人の目を惹《ひ》きつけずにはおかないほどの美少女で、十五歳で教育を終えて修道院を出、ラガルド夫人の付き添い女として住み込みの勤めを始めるや否《いな》や、たちどころに何人もの男たちに言い寄られ彼らを恋人にしてしまいました。背がすらりと高く、美しい金髪の上に、比類のないほどのきめの細かい白い肌と豊かな胸をもった美しい顔だちのジャンヌの評判は、やがて上流階級の男たちの間にまで広まってゆき、しかもジャンヌは心寛《ひろ》く言い寄る男たちを恋人として受け入れたので、彼女の恋人というのは、もう数え切れないほどの人数に達していました。

そんな彼女がヴェルサイユへ登場するきっかけになったのが、ジャン・デュ・バリー子爵という一人の男との出会いでした。デュ・バリー子爵がジャンヌに会ったのは彼女が二十歳のときのことでしたが、彼の方は、既に〝パリ一の大悪人の一人〟〝札つきの極道者〟として通っており、この海千山千の極道者は、ジャンヌの美しさに目をつけ自分の利益になるだろうとふんで、彼女を母親から譲り受けたのです。

デュ・バリー子爵のもとで、ジャンヌは、贅沢《ぜいたく》なドレスや召使いに囲まれる貴族の婦人のような暮らしを初めて体験しました。その代償として、デュ・バリー子爵の命ずるままに、彼が連れて来る男達のお相手をさせられていたのです。けれどジャンヌにとって幸いだったことに、デュ・バリー子爵が自分の利益のために彼女を〝又貸し〟した相手というのが、相当家柄の良い大貴族や、文学者、アカデミー会員たちだったために、この時期にジャンヌは、社交界に必要な礼儀作法や会話術などを修得することができました。

こうして、ジャンヌにとってヴェルサイユのルイ十五世の褥《しとね》への道は、一歩一歩近くなっていったのです。

ポンパドゥール夫人をうしなって後、相変わらず次々と愛人をつくっていたルイ十五世も既に五十八歳になっており、一方のジャンヌは二十五歳の若々しい美しさを誇っていて、彼女に国王が夢中になってしまったのも当然といえば当然の成り行きでした。老王がぞっこんになったジャンヌを正式に宮廷に入れるため、デュ・バリー子爵は自分の弟と彼女を結婚させて、彼女にデュ・バリー夫人の称号を与えてやります。この形だけの結婚の後、邪魔になった子爵の弟は毒殺されたという噂も流れました。

ルイ十五世が、ジャンヌなしではもはや生きられないほどに彼女に夢中になってしまったのは、ひとつには、彼女がデュ・バリー子爵のところで娼婦まがいのことをしていた時に体得したセックスの技術のせいだと言われていますが、必らずしもそればかりが老王をとりこにした訳ではなく、彼女の生来の気だての良さに負うところが大きいようです。実際、貧困と猥雑《わいざつ》な空気の中で育ったこの女性は、実に平凡な優しい性質をしており、冷酷な権謀術数《けんぼうじゅつすう》や策略にはまったく縁のない素直な可愛い女にすぎませんでした。ただ美しいドレスやダイヤモンドを身につけ、男性から愛されれば、それで心を満たすことのできる優しく素直な美貌のジャンヌの傍らで、人生に倦《う》んだ老王が安らいだ幸福を見出したのも、理解できるような気がします。

私生児として生まれた、まったくの第三身分の出のこの寵姫に対して宮廷中が憎しみの視線を注ぎ、考えられる限りの謀略で彼女を陥れようと試みましたが、老ルイ十五世の愛のおかげで、彼女の権勢は衰えるどころかますます増大して行くことになります。ついには、オーストリアから嫁《か》してきた王太子妃マリー・アントワネットをもその足下に跪《ひざまず》かせたというのは有名な話ですが、そんな彼女も、民衆の憎しみからだけは逃れる事ができませんでした。

ルイ十五世の病死と同時に権力の座を追われ、あちらこちらを転々としなければならなかったジャンヌは、持ち前の美しさと優しさでやがて人々の反感を解き、幾人かの友人と恋人を得た後、一七九三年、革命政府によって捕えられ、断頭台にのぼります。

革命を避けてイギリスに亡命していたジャンヌは、愚かしくも自分の盗まれた宝石を探しにフランスへ舞い戻って、そのためにギロチンの露と消えたのですが、フランス最後の寵姫のこのあっけない最期《さいご》に、私達は、すでにすっかり崩れかけていたフランス宮廷の屋台骨を見るような気がするではありませんか。

Ⅳ

美貌の女流画家
ヴィジェ＝ルブラン夫人

Marie Louise Elisabeth Vigée Le Brun

1755-1842

ヴィジェ＝ルブラン夫人（1755〜1842）の自画像
1782年
ロンドン、ナショナルギャラリー蔵

ひところ、といっても二十世紀の日本においての話ですが、女性解放という言葉が耳に馴染《なじ》み始め、女性の社会進出が良くも悪くも大きな波紋を拡《ひろ》げ始めた頃、女性と男性とでは能力においてどちらが優《まさ》るかという議論が大真面目《おおまじめ》にたたかわされた時期がありました。今、振り返ってみれば奇異の観さえありますが、有識者と呼称される男性諸氏が、まなじりをつりあげ口角泡を飛ばす勢いで、男性の能力の優位性を論断するのに懸命であった時期、十分な才能と見識を備えた女性たちは、自分達に門戸を解放することに決して寛大ではない男性社会の言い分を、複雑な思いで聞いていたにちがいありません。

女性の能力が男性のそれに比して劣ることを立証するのに、最も単純でかつ説得力のありそうな論拠は、明快な数字の上での比較をしてみることでした。曰《いわ》く、世界の人口のほぼ半数は女性であるのに、ノーベル賞を受賞した女性の数の男性に比して何と少ないことか。体力差のさして問題にならない筈《はず》の芸術的創造の分野においてさえ、一流といわれる女性芸術家の絶対数の少なさを考えてみるとよい。本来が女性のお家芸であるといわれる料理ひとつをとってさえ、プロフェッショナルの料理人には女性は皆無といっていい状態ではないか、ｅｔｃ……。

長い間女性を取り巻いてきた歴史的な状況に目を向けるのをうっかり忘れてしまえ

ば、当の女性自身でさえ、どうやら本源的に、女性には創造性とかの能力が欠如しているのではないかとうなだれてしまいそうな、明快（に思える）論拠でした。

この辺りの事情は、海を越えた向こうの国々でもさして変わらないらしく、二十世紀の女性解放の旗手として最も名高いかのシモーヌ・ド・ボーヴォワール女史をはじめとして、世界中の〝目覚めた〟そして〝才能ある〟女性たちがこの問題について言及してきたのです。

〝自由〟をもたない芸術家は

二十世紀でさえ、こうなのです。十八世紀の、女性が男性の後ろだてがなくては一人前と見做《みな》されなかった時代がどんな状況であったか、容易に想像がつこうというものです。そして十八世紀に、いくらか生きることへの自覚を持ち、内からつきあげるような才能の発露の衝動に、身も震えんばかりであった女性たちのかかえていた問題が、二十世紀においても、さして質的な変化が見られないままに持ち越されて来たらしい事実には、驚く他ありません。

幾世紀もの長い期間にわたって、女性には、才能はあっても、それを発見し開拓し伸ばしていく土壌がありませんでした。幸運にも自分の才能に早くから目覚め、ひとかどの仕事を成し遂げる女性があったとしても、彼女には、それを発表する場もなければ、自分の仕事にふさわしい報酬も栄誉もほとんど与えられなかったでしょう。

　それにしても、男性と同じ土俵で能力を競いたいと願ったとき、どれほど多くの才能ある女性が、男性と同じだけの〝自由〟を手に入れたいと渇望《かつぼう》したことでしょうか。まだ見ぬ世界へ飛び出し想像もつかないような冒険と出会う自由、自分とは全く異なった人生を生きている人々とじかに肌を触れ合い、珍しい風俗・習慣のただ中に身を置いてみる自由、あるいはカフェや酒場に入りびたって同好の士たちと談論風発する自由……。こういった自由が、殊《こと》に芸術を志向する者にとって感受性を育《はぐく》むためになくてはならないエッセンスであることを、早くから彼女たちは感じとっていたに違いありません。

　けれど女の身であれば、手にできる自由には限りがありました。悪評を恐れさえしなければなかなかの放縦も叶《かな》ったことでしょうが、そのかわり、今度はその悪評の方が彼女の人生をぎりぎりと締めあげ彼女を社会から葬《ほうむ》ってしまうのです。

　そんな訳で、十八世紀に生を享《う》けた女性達のうちで、その才能をみごとに開花させ今日の私達の目に触れることのできる作品を残せたのは、まことに極《ご》く僅《わず》かの限られた幸運の持ち主であったと言わねばなりません。女流画家に焦点をしぼって言えば、彼女たちのほとんどすべてが芸術家の身内に生まれ、したがって創造のために有益かつ必要な環境を生まれながらに用意されて育ったのだという特殊性を念頭におく必要があるでしょう。

二十代の画壇の女王

パリに生まれたエリザベート・ヴィジェも、十八世紀の他の女流画家同様、芸術家の娘でした。

父親のルイ・ヴィジェは画塾の教師をしており、当時なかなかに才能に恵まれた画家であったと言われます。エリザベートは幼ない頃からごく自然に父親のアトリエに出入りして、創造をすることの必然性と、絵を描くために必要な技法の基礎をほとんど独りで身につけることができたのです。彼女の生来の才能にとってまことに幸運な環境でした。晩年に出版された『思い出』によると、エリザベートが七歳の時に描いた「ひげのある男」の絵を見て父は娘の才能にすっかり感激し、画家になることをすすめたということです。ほどなくして彼女は、ドワイヤン、ブリアール、とりわけヴエルネなど、当時の著名な画家たちに師事して本格的な絵の勉強を始めましたが、持って生まれた素質と、ルーヴルの画廊などで熱心に巨匠の作品を模写したりする努力があいまって、彼女の画才は、短時日のうちにみごとに花開きます。

特にエリザベートが画法の上で直接の影響を受けたのは、グルーズでした。当時パリを熱狂させていたこの高名な画家の、後進におよぼした影響はいちじるしく、後に断頭台へ向かうマリー・アントワネットのスケッチや『ナポレオンの戴冠《たいかん》』などを描いたあのダヴィッドなどもグルーズから多くを学んだものですが、とりわけエリザベート・ヴィジェは忠実に彼の技法を継承し優美な画風を確立して、その名を次第に高めてゆきました。

この時代の画家、特に肖像画家は、美しい絹サテンの布の光沢をいかにきめこまかく描写することができるかで評価が定まった、とさえいわれるほどですが、彼女の描く肖像画の人物の衣裳《いしょう》の襞《ひだ》や色あいの素晴しさは群を抜いており、ブリオンヌ伯夫人、オルレアン公夫人などのみごとな肖像画によって、上流社会の人々から絶大な称讃《しょうさん》を受けるようになりました。初めての作品展をひらいたとき、彼女はまだ僅かに十九歳でしたが、すでにフランスのみならずヨーロッパの画壇で有名な存在となっていたのです。

娘と一緒の自画像
ヴィジェ＝ルブラン画　1789年
ルーヴル美術館蔵

そのうえに、幾つかの自画像によってもはかれる通り彼女はなかなかの美人でもあり、同じ年に揃《そろ》ってアカデミーの会員に迎えられたもう一人の女流画家、アデライド・ラビーユ＝ギアール夫人と並んで、時代を代表する才媛《さいえん》として世にもてはやされることになりました。

一七七六年に、彼女は画商のルブランと結婚し、ヴィジェ＝ルブラン夫人となります。けれどこの結婚はじきに彼女に悔いをもたらすのです。もともと彼女はルブランをさほど愛していた訳ではなく、むしろ、父の死後母親の再婚によって義父となった人との折りあいがよくなかったため、その家庭から逃げだすための良いチャンスとして結婚を承諾したにすぎなかったようです。彼女自身が語っているところによると、

「ルブランは悪い人ではなく、大変やさしいところさえあった。だが、いかがわしい女との道楽や賭事《かけごと》に狂い、自分と私の財産をすっかり浪費してしまった。一七八九年、私がフランスを離れたとき、私の手もとにはごくわずかなお金しかなかった」

ルブラン夫人は肖像画によってかなりの収入を得ていました。時には一枚の肖像画の謝礼が一万二千リーヴル［39ページ注参照］もの高額になることもあり、夫のルブランから金銭上の利益を受けることはありませんでした。むしろその逆に、夫は夫人の収入を自分の商売でうまく運用すると称してすっかり押さえてしまっており、豪壮な邸宅を新築したり女道楽や賭事につぎこんでしまうようなありさまだったのです。

そんな訳で、この夫婦は離婚こそしませんでしたが、別々に暮らしており、夫のルブランが彼女のもとに姿を現わすのは彼女の稼いだお金を取り立てに来るときだけという、悲惨な状態がずっと続きました。

そんな風に不幸だった結婚生活でしたが、その中でもうけた娘ジャンヌを彼女はと

ても深い情愛をもっていつくしみ、また自分自身の芸術に邁進《まいしん》することで、女流画家としての人生を深く輝やきのあるものにしていったのです。

彼女はまた、その美しい容姿によって上流社会の男性の注目をも集め、大蔵大臣カロンヌやヴォードルーユ伯爵などとの関係が、噂の種として人々の口の端《は》にのぼったりもしています。

そんな中で、一七七八年、彼女は初めて王妃マリー・アントワネットの肖像画を描きました。白い豪華なサテンのドレスに身を包んだ若い王妃のこの肖像画は、マリー・アントワネットの母、オーストリアのマリア・テレジア女帝に捧《ささ》げられ、今もなおウィーンの美術史美術館（99ページ参照）に所蔵されています。マリー・アントワネットはこの肖像画を大層気に入り、ちょうど同じ年生まれのルブラン夫人自身にも優しい友情を抱くようになり、それ以後彼女は、王妃のいわばお抱えの肖像画家として、さまざまなポーズの、種々の衣裳を身につけたマリー・アントワネットの肖像を二十枚以上も描くことになります。

当時のマリー・アントワネットは、ようやく夫ルイ十六世と夫婦としての肉体の契《ちぎ》りを結ぶことが叶い、子供を産んだばかりの頃で、女性としての美しさの絶頂にあり、ルブラン夫人は、その美しさに素直に驚嘆の言葉を発するのです。

「王妃様の肌は本当に透き通っていたので、影が出来なくて困った」
一七八三年の展覧会には、モスリン織の簡素な服をつけ、麦わら帽子をかぶった王妃の肖像を発表して評判になりますが、王妃としてふさわしくない姿が人目にさらされることになる、として反対する宮廷の人々の意見によって、この絵は取りはずされ、かわりに、おなじくルブラン夫人の手になる、バラの花を持ち青いドレスに盛装した

バラを持つマリー・アントワネット
(1755〜93)
ヴィジェ＝ルブラン画　1783年
ヴェルサイユ宮殿美術館蔵

王妃の肖像画（79ページ参照）が展示されました。マリー・アントワネットの肖像画としてはこれが一般にはもっとも広く知られ、多くの複製も流布《るふ》します。

一七八七年には、名高い『マリー・アントワネットとその子供たち』（86ページ参照）が描かれました。赤いドレスをつけ、三人の子供たちにかこまれた王妃の落ち着いた優美な絵姿には、官能美さえ感じられ、ルブラン夫人の数ある作品の中でも傑作のひとつに数えられています。

宮廷中の貴婦人たちはもはや競ってルブラン夫人のモデルになりたがり、社交界での彼女の人気はいや増すばかりでした。

絵筆が支えた亡命生活

やがて彼女は健康を害し、それをきっかけにそれまでの社交界めぐりをやめ、そのかわりに自宅に上流階級の人々を集めては、しばしば夜会を催すようになります。彼女の夜会は、さまざまな奇抜な趣向によって大いに評判になり、一夜の夜会の費用が二万フラン［83ページ注1参照］にものぼったという噂もあったほどでした。

当時、すでに世論は騒がしくなり、王妃の不人気が高まっており、民衆はその日のパンにもこと欠く状態でしたから、こうした贅沢は当然人々の反感を買ったことでしょう。けれどこの反感は、ルブラン夫人その人に対する敵意というよりは、どちらかといえば彼女の肖像画のモデルとなった王妃や王侯、大貴族たちに対する民衆の憎しみがはね返ってきたものだったと思われます。

フランス大革命の嵐《あらし》が到来すると、ルブラン夫人は、民衆の王家に対する憎悪《ぞうお》を眼《ま》のあたりに見せつけられます。自分自身にも身の危険を感じた彼女は、それまでに夫の目をかすめて貯《たくわ》えておいた百ルイ［83ページ注2参照］の金貨を手にして、一七八九年、フランスを去りイタリアに亡命しました。

しかし、フランスで築きあげていた画家としての名声は外国にも響いており、彼女は行く先々で敬意をもって迎えられます。ローマで、ナポリで、ウィーンで、ベルリンで、そしてセント・ペテルスブルクで、彼女は相変わらず、快適な色彩によって優美さを引き立たせた肖像画を描き続け、人々からもてはやされ、パリにいた頃と同様に、当世風のサロンを開いて注目を集め続けました。

オーストリア、プロシャ、ロシアで君主たちの寵遇《ちょうぐう》を得たのちに、一八〇二年、帝政時代のフランスに帰国して、ナポレオンの妹の肖像画を描いたりしますが、ルブラン夫人にとって新しい時代は決して居心地のよいものではなく、彼女の心の中には、あの優美さの化身のようなロココの女王を懐《なつか》しむ心、マリー・アントワネットの死を悲しむ心がいつまでも残っており、やがてはナポレオンとの折りあいが悪くなって、再びパリを離れ外国に旅立つことになってしまいます。今度の外国暮らしの間には、彼女は、スイスで有名なスタール夫人に会い、その肖像画を描き残したりもしています。

そうするうちに祖国フランスではナポレオンの時代が去り、ルイ十八世が即位して王政復古が始まりました。ルブラン夫人は嬉々《きき》としてフランスに帰るや、ルイ十八世に手厚く迎えられ、ようやく安住の地を再び得た心地になります。

けれども一八一三年には夫ルブランと死別、そして、一八一八年には最愛の娘を失なうという大きな不幸に見舞われ、彼女の精神は手痛い打撃を受けてしまいました。その後もずっと絵を描き続けたルブラン夫人は、八十歳を過ぎても、生得の豊かな感受性と鋭敏な知性を保ちつづけましたが、彼女の心をおおった深い悲しみは癒《い》えることはありませんでした。

一八四二年三月三十日、八十七歳のエリザベート・ヴィジェ＝ルブラン夫人は、姪《めい》のリヴィエール夫人の肖像画の絵筆をとりつつ、この世を去りました。

同時代に生きたラビーユ＝ギアール夫人やマルグリット・ジェラールなどの女流画

家たちの作品と並んで、あのフランス大革命時代の歴史の証人として、ルブラン夫人ののこした多くの優れた作品は、現在なお、年ごとに高い評価を得つづけています。
夫をもちながら、夫の力に依《よ》らず、自らの意志と才能によって人生を切り拓《ひら》き、堂々と花開いた美しい女性の姿を、私たちは、彼女自身の絵筆になる数枚の自画像によって心ゆくまで味わうことができるのです。

［注1］
この当時の〈フラン〉は〈リーヴル〉とほぼ同義語として区別なく使われていた。
［注2］
〈ルイ〉はルイ13世以降、歴代のルイ王の肖像を刻んだ金貨で、1ルイは20～40リーヴルに相当するとされている。

V

ロココの薔薇
マリー・アントワネット

Josèphe Jeanne Marie Antoinette

1755-1793

マリー・アントワネット（1755〜1793）とその子供たち
ヴィジェ＝ルブラン画　1787年
ヴェルサイユ宮殿美術館蔵

「妹よ、あなたにこそ、これを最後と手紙を書きます。わたしは判決を、ただし、恥ずべき死刑の判決ではなくて——死刑は犯罪人にとってしか恥ずべきものではないのです——あなたの兄上のところへ会いに行くように、との判決を下されたのです」

この書き出しで始まる一通の、セピア色に色あせた手紙は、今から約二百三十年も前、悲劇の王妃としてすっかり歴史物語のヒロインの座を獲得したマリー・アントワネットの、有名な最後の手紙です。一七九三年十月十五日、革命政府によって死刑の判決を受けた夜、彼女は最後の力をふりしぼって、先に処刑された夫ルイ十六世の妹であるエリザベート内親王に宛《あ》ててこの遺書をしたためました。これを読む者は誰も皆、マリー・アントワネットを好きであれ嫌いであれ、ある種の敬虔《けいけん》な思いに打たれ、そっと居ずまいを正すことでしょう。

いったい私たちは、なぜ偉大なマリア・テレジアよりも、器量においてはるかに下まわる娘のマリー・アントワネットの方を、しばしば口の端に上《のぼ》せるのでしょうか。まさしくそれは、彼女のあまりの人間くささ故《ゆえ》と、彼女の投げこまれた歴史のあまりのドラマ性の故であり、もっと適確に言えば、その人間的な器と、それが置かれた運命の、あまりの落差の大きさ故であると言えるでしょうか。そしてまた、自ら苦悩の中にもがき、激流に立ち向かう意志のない凡庸《ぼんよう》の魂が、運命の戯《たわむ》れによって眠りを醒《さ》まされ、揺り動かされ、望むと望まざるとにかかわらず内的変化を遂げて行く姿を、眼のあたりにするときの、深い畏敬《いけい》と感動の故ではないでしょうか。

人間が、自分が何者であるのか、人間であるとはどういうことなのかを自覚してゆく瞬間こそが、種々のドラマのうちでも最もまぶしい、感動的な瞬間であると言えるからです。愚かしい数々の行動によって、ついには国民の憎悪を一身に受けることになってしまったマリー・アントワネットの、先に掲げた最後の手紙には、ただ意志的で気高くさえ感じられる人柄が見出《みいだ》されるばかりです。コンシェルジュリの闇牢の狭い一室の中で、初めて彼女は自分自身と向きあい、誇り高く聡明《そうめい》なマリア・テレジアの娘としての資質を呼び戻すことができたのでしょうか。

ヴェルサイユに開いたウィーンの薔薇《ばら》

十八世紀の半ば（正確に言えば、一七五六年一月一日）まで、フランスとオーストリアは数世紀にもわたる伝統的な対立関係の下にありました。

オーストリアのマリア・テレジアは、父カルル六世の没後、一七四〇年、二十三歳で女帝の座につきましたが、一年後の一七四一年にはバイエルンのカルル・アルブレヒトがオーストリアの王位を要求し、フランス、スペイン、プロシャなどが同盟して戦争を仕掛けてきたために、自らの王位継承権を守るためにこれと戦わねばなりませんでした（オーストリア継承戦争）。この結果、プロシャのフリードリヒ二世にシュレージェンを奪われたマリア・テレジアは、プロシャの同盟国であるフランスと何とか友好関係を結びたいと願うようになります。

時、折りしもフランスの外交問題を一手に牛耳っていたのは、ルイ十五世の寵姫ポンパドゥール夫人であり、そして彼女の判断と尽力のもとに、一七五六年一月一日、フランスとオーストリアの間に秘密の友好同盟条約が結ばれたのです。その直後に、今までフランスの同盟国であったプロシャが、フランスの敵対国イギリスと友好関係を結んだ事実が公《おおや》けにされ、これによって、フランスとオーストリアとの秘密条約はいっきに公然の条約へと進展します（一七五六年五月一日のヴェルサイユ条約）。

これらの友好同盟条約に基《もとづ》いて、プロシャ・イギリス対、オーストリア・フランス・ロシアの、いわゆる七年戦争が始まりました。そしてこの戦争の終結後ほどなくして、マリア・テレジアとルイ十五世は、オーストリアとフランスの同盟関係を揺ぎないものにしヨーロッパの均衡《きんこう》を安定したものにするためには、ハプスブルク家とブルボン家が、婚姻によって血縁関係を結ぶのが最良の方法であるという結論に達します。双方の君主とその宰相――カウニッツとショワズール――の奔走の末に〝ヨーロッパの均衡〟のために選ばれたのは、ルイ十五世の孫であるフランス王太子ルイ・オーギュストとマリア・テレジアの末娘マリア・アントニアでした。

マリア・アントニア・ヨゼファは一七五五年十一月二日、マリア・テレジア女帝の第十五子として誕生しました。

マリア・テレジアはその生涯に、じつに十六人もの子供を産んでおり――約一年半に一人の割合で――、大変に愛情深い母親であったと言われていますが、中でも、人生に対して一番無防備そうな末娘のマリア・アントニアを最も可愛《かわい》がっていました。そしてこの末娘のために、ヨーロッパで一番美しく強大な王国の王妃の座を確保してやったわけです。

マリア・アントニアの性向について残っている文書によりますと、彼女は頭もよく優れた資質に恵まれていながら、気が散りやすく集中力に欠け、何事につけ真面目に考えるという事を好まない子供でした。そして不幸なことに彼女は、この性向を改善し克服することのないまま、フランス王妃という地位を手に入れてしまったのです。

結婚して名前をマリー・アントワネットとフランス風に変えた彼女は、あらゆる心の準備と防御の術《すべ》を持たないまま、質実で家庭的なウィーンの宮廷から、華美と快楽

シェーンブルン宮殿で子供たちに囲まれる
マリア・テレジア&フランツ夫妻
中央、ゆりかごにいるのが生まれたばかりの
(後の) マリー・アントワネット
マルティン・ファン・メイテンス (子) 画　1755年
ヴェルサイユ宮殿美術館蔵

の支配するヴェルサイユの宮廷へ投げこまれることになります。

彼女にとって更に不幸であったのは、夫となったルイ・オーギュスト（のちのルイ十六世）が、男性として極めて魅力に乏しく、妻を支配して君主としての務めを果たすだけの力量にも欠けていたことでした。精彩のない瞳《ひとみ》とずんぐりした体躯《たいく》をもった無気力なこの若者は、十六歳で結婚した当初から、十五歳の妻の溌剌《はつらつ》とした美しさに

ルイ16世（1754〜93）
ジョセフ・シフレド・デュプレシ画
1774年
ヴェルサイユ宮殿美術館蔵

圧倒されてしまいます。ダンスやおしゃべりが苦手で、はにかみ屋で、農耕や狩猟や読書や錠前づくりが趣味というような〝でくのぼう〟の夫を眼のあたりにしたときのマリー・アントワネットの失望は、想像に余りあるようです。

快活で社交的で美しく、その上、生涯を通じて一冊の本も最後まで読み通すことはなかったという性向の若いマリー・アントワネットにとっては、夫の善良さや勤勉さという美点を正しく評価することも難しかったことでしょう。

不幸は重なるもので、この善良なる夫は性器に奇形があり、そのために夫婦としての性的交りがうまく行なわれず、マリー・アントワネットが肉体的にも妻としての資格を得るまでに、実に七年もの歳月を要しました。その間、幾度か女性としての屈辱感や苛立《いらだ》ちを味わわされ、その苛立ちと幻滅を紛らすために、マリー・アントワネットは度はずれた遊びや贅沢《ぜいたく》にふけり始めることになってしまいます。

しかも、彼女はヴェルサイユの宮廷において一番高い地位をもった女性なのです。彼女が望みさえすればどんな贅沢も我儘《わがまま》も思いのまま。そして人々は、将来王妃の座につくこの魅力にあふれる若い女性に讃辞と追従を惜しみません。国王ルイ十五世の若い寵姫デュ・バリー夫人が、一度くらい廷臣の面前でアントワネットを負かしたとしても、実際彼女は向うところ敵なしの勢いですし、彼女自身、自分の手にしつつある地位と権力の大きさに、うっとりとのぼせきってしまったことでしょう。

王妃の座

マリー・アントワネットが、運命の恋人フェルゼンと初めて出会うのは、ちょうどそんな頃のことでした。スウェーデン陸軍元帥《げんすい》兼王室顧問官の息子であるハンス・アクセル・フォン・フェルゼンは、アントワネットと同い年生まれ、二人が初めてパリのオペラ座の仮面舞踏会で出会ったとき、彼の方は、三年間にわたるヨーロッパ遊学の総仕上げとしてパリに滞在中の身でした。スウェーデン随一の貴族の息子として、並はずれた知性と学識と健康と美貌《びぼう》と、そして財産に恵まれた若いアクセル・フェルゼンと、ヨーロッパに冠たる強大国フランスの将来の王妃として、ただ退屈することだけを恐れていればよい美しいマリー・アントワネットとの、やがて歴史にも残ることになる有名なラヴ・ロマンスが、ひそやかに始まるのです。

ところで、この恋のつぼみは、開きかけようとしたところでいったんは中断を余儀なくされることになります。

二人が出会ってから四ヶ月足らずの、一七七四年五月十日、狩りの途中で不快を訴えてそのまま寝ついてしまった国王ルイ十五世は、二週間近くの苦しみの末、とうとう息を引きとります。病名は、天然痘。ヨーロッパの勢力均衡の象徴でもあった六十年にわたる長い治世の終焉《しゅうえん》でした。

直ちに、王太子ルイ・オーギュストが、ルイ十六世として即位します。わずかに十九歳と十八歳の若々しい新国王夫妻を、国民は熱い期待で迎えました。寵姫にあやつられた永い治世に倦《う》む気持ちと、わずかずつ人々の日々の生活にしのび寄って来てい

ハンス・アクセル・
フォン・フェルゼン
(1755〜1810)
18世紀
ノルシェーピング、レフスタード城／
エステルイェートランド美術館蔵

たインフレがもたらす政情不安の影が、人々に、新しい時代への期待を抱かせたのでしょう。首都パリ市は、すでに財政窮迫の兆《きざ》しを見せておりました。

民衆の熱烈な歓呼に迎えられ、いよいよマリー・アントワネットはフランス王妃の座にのぼるわけですが、それはとりもなおさず、堅苦しい作法や拘束の大嫌いな彼女にとって、待ちに待った解放を意味します。今や彼女は王妃なのであり、しかも国王である夫ルイ十六世は、君主たるにふさわしい力も意志もない〝でくのぼう〟なのです。彼女が〝やりたいことをやる〟自由を、誰が束縛できるというのでしょうか。王太子妃時代と違って、オーストリアの母マリア・テレジアの忠告やお目付役の大使メルシー伯爵《はくしゃく》の諫言《かんげん》も、今では王妃となったマリー・アントワネットの耳を素通りしてしまうでしょう。

彼女は賭事にふけりはじめ莫大《ばくだい》な借金をこしらえます。従来の窮屈な宮廷作法をすっかり無視して、お気に入りの貴族たちだけを従えてさっさとプチ・トリアノン宮に引きこもってしまいます。そしてやがて彼女の小部屋から次々と、とてつもないファッションが流行として生み出されてゆくことになります。マリー・アントワネットの周囲には、遊び好きで流行を追うような人間ばかりが集められることになり、やがては、国庫に莫大な負担をかけることになる寵姫ポリニャック夫人が登場するのです。

まるでたががはずれたような逸脱した遊びぶり、浪費ぶりには、しかしほんの少しだけ弁護の余地もあると言えるでしょう。

夫ルイ十六世は、国王として即位した後も未《いま》だに性器の外科手術を拒み続け、夫婦としての結びつきをなおざりにし続けているのです。胸の底から尽きることなく湧《わ》きあがってくる愛情を夫に受けとめてもらえぬマリー・アントワネットは、その愛情のはけ口を、ポリニャック夫人をはじめとする崇拝者の群れや度はずれた浪費に求めず

ポリニャック公爵夫人
(1749〜1793)
ヴィジェ＝ルブラン画
1782年
ヴェルサイユ宮殿美術館蔵

にはいられなかったのだ、と分析する歴史学者、心理学者も多く、この説明は今ではマリー・アントワネットに対するひとつの評価として定着しているようです。

そんなマリー・アントワネットに、ようやく大きな変化が訪れます。一七七七年、ウィーンからアントワネットの兄ヨーゼフ二世が来訪し、ルイ十六世はこの義兄に説得されてようやく引き延ばしに延ばしていた外科手術を受ける気になったのです。こうして結婚以来じつに七年ぶりでマリー・アントワネットは真の妻となり、その翌年には早くも妊娠・出産の運びになるのです。出産が彼女に与えた影響は大きく、三人の子の母親となった彼女から、以前の軽率な遊び好きの王妃の姿はみごとなまでに消えてゆくことでしょう。

けれど、この変化は、すでに遅きに失した変化でもありました。日一日と上りつづける物価に苦しむ国民たちばかりではなく、マリー・アントワネットはすでに宮廷の内部に、とりかえしのつかない敵を多くつくってしまっていたのです。お気に入りだけを集めた彼女のサロンから締め出されてしまうことになった、旧来の力のある貴族たちは、国王の弟プロヴァンス伯爵や国王の従兄《いとこ》オルレアン公爵などのもとに集《つど》って、その不満と憎しみを次第次第に募らせて来ていました。わけても、王弟殿下プロヴァンス伯は、マリー・アントワネットが二人の王子を産んだことによって、自分が王位

フランス王妃マリー・アントワネット
ヴィジェ＝ルブラン画　1778年
ウィーン美術史美術館蔵

につく可能性が遠ざかってしまった故に、彼女にとって最も陰湿で危険な敵となるのです。

民衆は既に飢餓に苦しみ、フランス国家は今や破産の危機に見舞われており、すべてのことについて王妃の責任が問われているのを、彼女はどのくらい知っていたでしょうか。一七八九年のフランス大革命は、その顕著な特徴として、八九年以前の〝貴族階級内部の革命〟を構成要因に持っているといえるのですが、それを招いたのは、まさしくマリー・アントワネット自身であったことは明白でしょう。

狂い始めた歯車

貴族たちの離反の中で、やがて彼女が決定的に国民の敵意を悟らされるような事件が起こります。一七八五年の、首飾り事件です。事件そのものは、ヴァロア伯夫人をかたるジャンヌという女が、枢機卿《すうききょう》ローアンをだまして王妃の名をひきあいに出し、途方もなく高価なダイヤモンドの首飾りを手に入れたという、詐欺《さぎ》事件にすぎなかったのですが、この事件がフランス全土にまき散らした影響の大きさは、計りしれないほど重大なものでした。

マリー・アントワネットは、自分の名がかたられた事に怒り狂って枢機卿ローアンを逮捕させ、彼女に押しまくられたルイ十六世は、事件の決着を高等法院にもち込んでローアンを裁かせることにします。

ところが、高等法院の下した判決は、ローアンの無罪でした。この無罪判決の持つ意味の重大さに、多くの知識人は気づきます。高等法院は、ローアン枢機卿を無罪とすることによって、原告たるマリー・アントワネットを（すなわち王権を）間接的に有罪としたのです。そしてそのことは、アンシャン・レジーム（旧体制）の要《かなめ》である王権が既にぐらぐらに揺らぎつつあることを全世界に示す結果となった訳です。

先にジョフラン夫人の章で述べたように、パリの閨秀《けいしゅう》サロンで育てあげられた啓蒙《けいもう》思想は、台頭しつつあった資本家階級の支持のもと、絶対王制にひびを入れかねないほどの力をたくわえてきていましたが、これら啓蒙主義思想の薫陶《くんとう》を受けた思想家やジャーナリストたちは、この首飾り事件を（というよりこの事件の判決を）市民たちと共に拍手喝采《かっさい》をもって迎え入れます。のちにロベスピエールのふところ刀となるサン＝ジュストは、当時まだ若い法学生でしたが、この事件を、〝王室にたっぷりと泥をぬってくれた〟として評価し、文豪ゲーテはこの事件の報に接するや、〝メドゥーサの首でも見せられたかのように激しい恐怖がこみあげてきた〟と、来たるべき大革命の嵐を予見しているのです。

これほどまでもヨーロッパ中を揺るがせた首飾り事件でしたが、この事件を通じて、民衆や反国王派の貴族の敵意をあからさまに見せつけられたマリー・アントワネットは、しかし、悔しさに泣いた後で愚かしくも、プチ・トリアノンの田舎家の中の、まがいものの平和の中へ逃げ込んでしまうのです。

パリでは深刻な飢えが続いています。大蔵大臣カロンヌはこの年、破産の請願を出し、フランス中に、それまでヴェルサイユが浪費してきた気の遠くなるほどの負債を提示して辞職します。マリー・アントワネットはこのときから、あの有名な《赤字夫人》のあだ名を奉じられることになるのです。

カロンヌに代わって大蔵大臣となったロメニー・ド・ブリエンヌは、財源を確保するための増税策が容《い》れられなかったため、宮廷に向かって節倹策を実行します。それによって、宮廷内にあった夥《おびただ》しい職務が廃止されることになり、その職務から利益を得ていた貴族たちは大打撃をこうむるのですが、ブリエンヌを大蔵大臣に推したのがマリー・アントワネットであったため、彼らの憎しみと怒りがまた彼女に向かって集中する結果となってしまいました。

しかし節倹政策くらいでは、莫大にふくれあがってしまった宮廷の赤字を解消することは不可能で、ついにブリエンヌは高等法院に対して、新税の創設を要求します。これに対し高等法院は、新税の創設をなし得るのは三部会のみであるとして、貴族・聖職者・平民の代表からなる三部会の開催を要求しました。こうして、王権と高等法院との戦いが始まります。

この頃のマリー・アントワネットは私的にも不幸な悲しみの底にありました。生まれたばかりの第四子ソフィー王女が急死し、つづいて王太子ルイ・ジョセフが脊椎《せきつい》カリエスにかかってしまったのです。

公私にわたる苦しみにすっかりうち沈む彼女を慰め、相談相手となるのは、あの美貌のスウェーデン貴族アクセル・フェルゼンでした。口さがない噂《うわさ》が王妃の名誉を傷つけてしまうことを恐れて、恋する人を守りたい思いの故に、一時はアメリカ独立戦争に参加するなどしてフランスから遠ざかったりもしたフェルゼン伯でしたが、今では孤立無援となってしまったアントワネットの傍らにあって、最も信頼するに足る恋人として助言を惜しみませんでした。

「僕がその人のものになりたいと願っているただ一人の人、僕を本当に愛してくれているただ一人の人、その人のものになることが僕にはできません。だから僕は誰ののにもなりたくないのです」

フェルゼンは自分の妹への手紙の中で、こう打ち明け、有利な結婚話を片端から断わってアントワネットのもとにとどまり、彼女の夫ルイ十六世の信頼さえも勝ち得るに至ったのです。

一七八八年から八九年にかけて、フランスの歴史は絶対王制にとって最悪の事態に向かって急転直下の動きを見せます。すなわち、追いつめられたルイ十六世は国民に対し三部会の召集を約束し、ついで大蔵大臣ブリエンヌを罷免《ひめん》、国民に人気の高かったネッケルを再び呼び戻します。そして歴史的な三部会の開会と国民議会の成立宣言、それに続く《ジュー・ド・ポーム》の誓いの日。

こうした激動の中で、マリー・アントワネットは愛する王太子を亡《な》くしますが、そのとき王室には亡き王太子のためのミサをあげさせるお金も残っていない有様でした。けれども、目前を、歴史の流れが激しい軋《きし》みを発しながら過ぎてゆくというのに、アントワネットは、旧体制の頂点にある人間としてどう対処すべきであるかを悟ることができませんでした。歴史の歯車を逆に回転させようとする者は必らず滅びるのだという真理を、彼女はついに理解することはなかったのです。

下から怒濤《どとう》のようにつきあげて来る新しい力を押さえつけるために、泥縄式の旧態依然たる手段が講じられます。議会を解散させ民衆を押さえつけるための軍隊の召集、市民に人気のあった大蔵大臣ネッケルの罷免……。

　こうしてフランスは、運命の七月十四日を迎えたのでした。廃兵院（現在のアンヴァリッド）を襲い武器を手にした民衆によってバスティーユ要塞《ようさい》が奪取され、ついに革命の火ぶたが切って落とされると、国王夫妻の周囲にあって旧体制の甘い汁の恩恵に浴していた貴族たちは、次々に亡命を始めます。パリでは食糧不足とインフレが目に見えるほどの速度で進行しており、来たるべき冬を前にして、それが一層市民たちの不安を増大させていましたが、相変わらず王室には講じるべき手段もありません。

運命へのあがき

　一七八九年十月五日、アントワネットはプチ・トリアノンから急ぎ呼び戻されました。冷たい雨の中、パリから、怒りに猛《たけ》り狂った七、八千人もの女たちの集団が、手に手に包丁や槍《やり》、鍬《くわ》などありあわせの武器を持って、口々にアントワネットへの非難と罵《ののし》りの声をあげながら、ヴェルサイユめざして行進して来ているという報《し》らせが入ったのです。

　アントワネットの首を要求する声に応《こた》えて、彼女は一人毅然《きぜん》とバルコニーにすすみ出、あの有名な優雅なお辞儀をすることになるのですが、期せずしてこのとき民衆の間からあがった「王妃万歳！」の声が、フランス国民が彼女を王妃として遇した最後の時となるのであり、それと反対に、この時を境に、人生に流され っ放しだった愚かしいアントワネットの内側に、偉大なマリア・テレジアの娘として立派にふるまいたいという誇りがようやく頭をもたげて来たのでした。飢えて騒ぎをおこしている民衆を目にして、「パンがなければお菓子を食べればいいじゃないの」と彼女が言ったように伝えられているのは、彼女をことさらに悪く描いてみせようというジャーナリストのでっちあげで、本当のところは、ルイ十五世の娘（従ってルイ十六世の叔母にあたる）ヴィクトワール内親王がかつての饑饉《ききん》の折に口にした言葉です。

どちらにしても、勇気あるお辞儀にもかかわらず、民衆は流血騒ぎを起こしてでも王室一家をパリへ連れて行こうという勢いであったため、アントワネットらはこれに従わざるを得なくなってしまいます。彼女の傍らにあって、身を挺《てい》しても彼女を守護しようとの決意を抱いていた恋人フェルゼン伯は、友人に諫《いさ》められて、群衆に紛れて行列とともにパリへ行くことになります。この日を限りに、マリー・アントワネットは再び華麗なヴェルサイユへ戻ることはありませんでした。

パリに到着した王室一家の新しい住居はテュイルリー宮に定められます。ほぼ半世紀の間放ったらかしにされていたこの宮殿は、雑多な身分・職業の人々が勝手に住みついて荒れ放題でしたが、それでも後には王室一家は、この宮殿をずっとましだと思うような境遇に堕《お》ちていくことになるでしょう。

この時点で、パリ市民たちはまだ君主制を葬《ほうむ》り去ろうという気持ちを持ってはいませんでした。地獄絵のような生活に甘んじていた最下層階級の市民たちは別にして、いわゆる中産階級の市民たちは、もし王室が彼らの市民としての権利と利益さえ認めてくれるなら、国王一家を首都パリに迎え、君主制とうまく共存していけるとの期待を抱いていたのです。したがって、アントワネット達の側に、生き延びる手だてはいくらでもあったのでした。この時にも、彼らはとるべき道を誤ってしまいます。

ヴァレンヌ逃亡事件……！

愛する女性を救い出したい一心で、フェルゼンが命をも捨てる覚悟でたてたこの逃亡計画が、皮肉にも彼からアントワネットの命を永遠に奪い去っていくことになってしまったのです。アントワネットをフランス王太子妃にするために功のあった元外相ショワズール公やフェルゼンの女友だちなどの協力を得て、綿密に大胆にたてられたこの逃亡計画は、小さな行き違いやミスから、あと一歩という所で挫折《ざせつ》してしまい、せっかく苦心惨憺《さんたん》してテュイルリー宮からの脱出を果たした国王一家は、ヴェルダン郡ヴァレンヌの町で、住民や駆けつけた軍隊によって逮捕されてしまいます。なつかしい故国オーストリアとの国境まであと五十キロの地点でした。

国民を見捨てて逃げようとした王室一家、との罵声《ばせい》と憎しみを一身に浴びながら、アントワネットの心を一杯に占めていたのは、途中まで御者に変装して逃亡を手伝ってくれた愛《いと》しいフェルゼンの安否ばかりでした。

ボンディで国王一家に別れを告げて、別なルートから国外に逃れたフェルゼンは、計画の成功を信じて疑っていなかったのですが、ヴァレンヌでの国王一家の逮捕の報に接し、絶望の底につきおとされます。アクセル・フェルゼンは大変に几帳面《きちょうめん》な人物で、毎日の日記を欠かさずに、それも公的なものと私的なものとの両方をつけていたために、これらの事件の詳細が（後に一族によって焼き捨てられた部分が多いのですが）貴重な史料として残りました。

マリー・アントワネットの処刑後、日記の中でフェルゼンは繰り返し、ヴァレンヌにおいて逃亡計画が失敗した日のことを呪《のろ》い、何故《なぜ》あの日に自分も死んでおかなかったのかと呪い続けているのですが、十七年後、奇《く》しくも彼が死ぬべきであったと思い続けたその六月二十日、スウェーデン民衆の手によって、フェルゼン大元帥は血まみれにされ虐殺《ぎゃくさつ》されるという運命を辿《たど》ったのでした。

1793年1月21日、処刑されるルイ16世と家族の別れ
パリ、カルナヴァレ博物館蔵

ヴァレンヌから強制的に連れ戻された国王一家を待っていたのは、もはやパリ市民の怒りと侮蔑《ぶべつ》の冷ややかな眼差《まなざし》だけでした。君主制の運命は、こうして急転直下、破滅へとひた走ることになってしまったのです。憲法が制定され、新立法議会が成立してもマリー・アントワネットは旧体制の人間としてしか世界を見ることができません。今や彼女は、自分をこのような目にあわせ王室を侮辱し続ける国民を憎み、フランスという国そのものを憎みきっています。そして、ひたすらにオーストリア皇帝である兄レオポルドの動きに望みをつなごうとします。

フランスを取り巻く各国は、この大革命の進展に脅威を覚えて注目しており、機会さえあれば革命をたたきつぶそうとの意図を抱いておりました。殊《こと》にオーストリアに革命に干渉する気配が濃厚だったため、ジロンド党は革命防衛のためフランス側から先制攻撃を仕掛けることを決め、こうして、オーストリアとフランスは交戦状態に入ります。

アントワネットは、国民議会の議員を欺《あざむ》いてフランス側の情報を手に入れては、暗号でメルシー伯やフェルゼンに知らせ、フランス軍を不利に導くため持てる力のすべてを振りしぼりました。彼女にとっては、これは当然の行為であり、自らが君臨してきた国の国民に対する裏切りを犯しているという自覚はなかったようです。

名誉ある死を

一七九二年八月十日、民衆は自分たちと敵対を続ける王妃マリー・アントワネットへの憎しみから、ついに武器をとってテュイルリー宮を襲撃します。そしてこの日を境に王室は、議会から、蜂起《ほうき》したパリ・コミューンの手に引き渡され、アントワネット達は、かつて修道院として建設されたタンプルの巨大な塔に移されることになり、この塔内から、次々に裁判所へ引き出されて国民の裁きを受けることになるのです。

国民公会での投票によって、元国王（フランスは国民公会の成立と同時に君主制の廃止を決めました）に死刑の判決が下され、夫は妻に先だつこと約九ヶ月、堂々たる体軀をギロチンの刃《やいば》の下へと引きたてられてゆきました。

そして直ちに、今では彼女の唯一《ゆいいつ》の生きる希望として遺《のこ》された、小さな息子のルイ・シャルルが彼女のもとから引き離されます。誇りたかく高慢にさえ映るほど冷静に振舞い続けたマリー・アントワネットが、この時だけは、ただの一人の母親として取り乱し、叫び、泣き、息子を連れ去ろうとする国民公会の委員たちにすがりついて哀願しました。〝ルイ十七世〟となるはずであった、この七歳の小さな少年は、母親から引き離され、無教養で粗野な靴屋のシモンの手に委《ゆだ》ねられ、やがて、悲運の両親のことも、そして、自分が何者であったのかさえも忘れ果ててゆき、ついには歴史上の謎《なぞ》としてその存在を消されてしまうのです。

ヴァレンヌ逃亡事件以来、豊かな金髪も既に真っ白に変わり果ててしまったマリー・アントワネットは、やせ衰え、何の感情も表にあらわさない陰気な人間になって、ギロチンの控えの間で、ただ自らに下される判決を待つばかりです。

処刑直前のアントワネットの肖像画
アレキサンドル・クチャルスキー画
1793年
ヴェルサイユ宮殿美術館蔵

それでもまだ、危険を冒してフランスにとどまり、何とかして王妃を救い出そうと必死の努力を続ける王党派の人々がありました。忠実なジャルジェ将軍や、あのフェルゼン伯たちです。けれど、すべての逃亡計画は結局ことごとく徒労に終わり、今や、生きることへの夢をすっかり断念したマリー・アントワネットは、フランスの紋章入りの国璽《こくじ》や国王の指輪などをジャルジェ将軍に託し、国外へ亡命した王弟プロヴァンス伯に届けるよう依頼します。

その他に彼女は、愛し続けてやまなかった恋しいアクセル・フェルゼンに、この世での最後の言葉を印章に託して送ります。それはラテン語の銘句を記した印章で、Tutto a te me guida（すべてが我を御身に導く）と書かれてありました。

彼女は、今や一日も早く夫の後を追うことしか考えていません。そして、死の前に、法廷で立派に振舞い元王妃としての名誉を保つことだけに、残された力のすべてを注ぎ込もうと努めました。マリー・アントワネットに対する裁判は、ある部分で、物的証拠を著しく欠き、後世の研究家たちから見て公正なものとは言えませんでしたが、恐らく彼女が法廷に引きずり出される前に、既に判決は用意されていたのです。二日一晩の弁論と二十時間にも及ぶ審問のあとに下された死刑の判決を聞き、コンシェルジュリの冷たい石の独房に戻ったマリー・アントワネットは、そこで、冒頭に掲げた気高く感動的な遺言を書き始めたのでした。

甘ったれで気まぐれで、ちやほやされていたために軽薄に楽しみを追うことしか知らなかった美しい少女が、運命の悲劇的な試練を経て、今、自分の人生をみつめながら立派に死ぬことを考える女性へと成長した姿が、この遺言のすみずみにまで窺《うかが》えて、読む者の魂を揺さぶります。

マリー・アントワネットの処刑は、一七九三年十月十六日十二時十五分。

刑場まで彼女を連れて行くために独房へ迎えに来た憲兵は、彼女が隠れて最後の下着に着換えることさえ許しませんでした。長い間の闇牢での暮らしのため、ひどく出血するようになっていたアントワネットは、あわれに血に染まった下着を、憲兵の眼を盗んで、牢の壁の破れ目に急いで押し入れ、この世からの永遠の旅立ちに発《た》っていったのでした。

ロココの女王と謳《うた》われたマリー・アントワネットに関しての評価ほど、時代によって極端に変わったものも少ないでしょう。一七八九年以後、アントワネットについて書かれた中傷文は、想像を絶するほどのでっちあげや汚ない言葉に満ちており、アントワネット自身、「陰口は人を殺すのにひどく効き目があるものです。人々はこれでもってこの私を殺すことでしょう」と述べています。そして事実、彼女をギロチンへ送るために大いに功績のあった中傷記事の筆者たちは、自らの仕事をどのように受け止め評価していたのでしょうか。

マス・メディアの持つ力の恐ろしさは、当時もそして現代も、あまり変わってはいないようです。

VI

ジロンド派の女王
ロラン夫人

Jeanne Manon Roland

1754-1793

ジロンド派の帽子を被ったロラン夫人（1754〜93）
18世紀末
ヴェルサイユ、ランビネ美術館蔵

世界に先がけて、人間の〝自由〟と〝平等〟を、しっかりした体系をもった思想として謳《うた》いあげ、そして、不完全ではあっても〝共和制〟という現実の体制へと実現させていったフランス大革命の価値は、歴史の中で計りしれないほどの重みをもつものです。ただ、忘れてならないのは、ここで人々が、それも最も進歩的で英邁《えいまい》な人々が「人間の自由と平等」を口にするとき、この〝人間〟のなかには、まだ女性は含まれてはいなかったという事実でしょう。

十八世紀は女性の世紀であると言われます。そして事実、この世紀において、私たちはあまたの分野に才能豊かな精神的自立を遂げた女性を見出《みいだ》すことができるのですが、女性のもつ人間としての権利という点に眼を向けると、この世紀は、女性解放史上重要なエポックではあっても、とりたてて大きな前進がみられたというような時代では決してありませんでした。〝自由〟と〝平等〟のためには命も惜しまなかった勇敢で進歩的な男性達が、女性の人権という問題になると、突然に、アンシャン・レジームの貴族顔まけの保守的な言辞で女性蔑視を露骨に表明するのは、いささか奇異の感がないわけでもありません。

実際に、このフランス革命の遂行にあたって、いかに多くの事件に女性の力があずかっているか、年代を追ってちょっと眼を通してみるだけでもすぐに解《わか》ることなのに、現実に体を張って革命運動に参加していった女性たちの基本的人権を、男性革命家たちは認めませんでした。いいえ、それどころか、議会や政治的クラブでアンシャン・レジーム打倒の演説をする時と同じ激越さで、〝男女平等〟に真っ向から反対し、新聞紙上で共和制を呼びかけるのと同じ熱心さで、〝女性は家庭に帰るべし〟と主張しているのです。

野心が開いた革命への眼

断頭台に消えたオランプ・ド・グージュ、ついには気の狂ってしまったテロアーニュ・ド・メリクール、そして、目ざましい活躍の末、男性たちの憎しみと攻撃の的となって監禁され、やがて行方不明になってしまったクレール・ラコンブ……これら、歴史上に名をとどめている女性闘士たちが、男女平等を主張して真っ向から社会におどり出、あらゆる罵詈雑言《ばりぞうごん》を一身に浴びつつ女性の人間としての権利を勝ちとろうと戦ったのに比べて、ロラン夫人は、時代の様子を見据えながら巧みに男性の陰にかくれて政治参加を果たしたと言えるでしょう。

「現在の風俗では、まだ女性が目に立つ行動をすることが許されているとは思われません。女性は、善なるものを鼓吹し、祖国にとって有益な感情を養い、燃え立たせるべきなのであって、女性が政治にかかわっているように見えてはならないのです」

彼女のこの極めて聡明《そうめい》で巧みなやり方にもかかわらず、つまるところ、ロラン夫人も、オランプ・ド・グージュ言うところの〝死刑台へのぼる権利〟の方は与えられ、ギロチンの犠牲となったのでした。

ロラン夫人の生涯については、彼女自身の手になる有名な『回想録』が残っており、彼女が自分を語るのにどの位正直であったかは差し引いて考えるにしても、それによって、かなり詳しい事実関係に触れることができるのは確かです。

ロラン夫人、すなわちマノン・フリッポンは一七五四年パリのオルロージュ河岸で彫金師をしていたガシャン・フリッポンの娘として生まれました。父は工房を持って、そこで作った作品を売る宝石店も経営しており、さほど貧しくはないけれども、かといってとびぬけた金持ちでもない、まあそこそこの中産階級に属する典型的な市民だったようです。

マノンは、幼い頃からその恵まれた天分を発揮して父親を喜ばせたといいます。何しろこの少女は、近所でも評判になるほど器量が良いうえに、まだ五歳にもならないうちに誰の助けも借りずに文字を覚え本が読めるようになったというくらいでしたから、父親にとっては大変な自慢の種だったことでしょう。自分が、容姿にも頭の良さにも恵まれていることを早くから自覚していたマノンは、そのせいでしょうか、同じ年頃の子供たちや同じ階級の人間たちに対して優越感を抱き、そのため、何とかして自分の属する階級の人間が普通に辿らねばならない運命から脱《ぬ》け出して、自分の器量と才能にふさわしい人生を手に入れたいという野心を、内にくすぶらせていたようです。

『回想録』には、いかに幼いマノンが自尊心の強い少女であったかが、存分に書かれています。上昇志向の異常に強いこの少女は、始めのうちは貴族に対して強い憧《あこが》れを抱いており、平民である自分の生まれを大変に残念がっていましたが、持ち前の自尊心のおかげで、段々に貴族に対しての憎しみを心の内に育てていきます。どこへ行っても、行く先々で彼女は貴族たちから屈辱的な扱いを受け、このような体制が続く限りは、平民である自分が浮かばれる道はないのだという事を悟り、歯ぎしりをするような思いをします。彼女が革命を歓迎したのは、決して虐《しいた》げられた民衆の苦しみを理解していたからではなく、自分を不当に扱った貴族階級への憎しみの故《ゆえ》だったと解釈できるかもしれません。

同じ年頃の子供たちと比較すると並はずれて早熟で頭の良かったマノンが、世間から自らを隔絶するかのようにして暮らしている間にむさぼり読んだ数々の本は、後にロラン夫人として名を馳《は》せるのに十分に役に立ってくれました。ギリシャやローマの古典から、ちょっと知性のある人々の間では大流行になっているヴォルテールやルソーの著作まで、ありとあらゆる教養に、彼女の頭脳はどっぷりとつかっています。この時代の多くの知的女性がそうであるように、マノンもまた、ジャン＝ジャック・ルソーからはとりわけ強い影響を受けたと自ら語っています。

理性で駆け昇った成功への道

このようにずば抜けた教養と美貌《びぼう》の持ち主であった名誉欲の強い少女は、当然のように、結婚相手を選り好みするのです。彼女の結婚は、年頃の若い娘にしては驚嘆に価するような冷静な理性で選ばれています。数多い求婚者の中から、もうこの時代の娘にしては婚期を逸しかけていたマノンが選りに選ったのが、ロラン・ド・ラ・プラティエールという、彼女より二十歳も年長の、哲学者であり工業監査官でもあるという男性でした。〝平民〟とは絶対に結婚したくないと強情に言い張っていたマノンにとって、このロラン氏は、貴族でこそありませんでしたが、哲学者であることといい立派な官職にもついていることといい、将来ひとかどの人物になってくれそうな見込みもあって、自分には一番ぴったりの伴侶《はんりょ》に思われたのでした。

二人の結婚は一七八〇年、マノンが二十六歳、夫のロラン氏は四十六歳でした。この真面目《まじめ》で堅物の学者の夫の傍で、マノンは退屈を我慢しながら勉強を重ねます。退屈とはいっても、夫は順調に栄進しているし、そのお陰で、彼女があんなにも望んでいた立派な家屋敷や召使いつきの生活まで叶《かな》えられたのです。それに、夫の論文を手伝ったり夫の交際仲間の教養人たちと知り合いになることで、彼女の知的渇きは満たされていきました。そうした中で、腐り果てた貴族社会と、そういう彼らに支配される世の中というものがいっきに改革される気運を歓迎する気持ちは、ますますマノンの中に強く醸成されていったのでした。

マノンの見込みに間違いはありませんでした。大革命勃発《ぼっぱつ》後、リヨンの工業監査長官にまで出世していた夫は、その進歩的精神を買われて、リヨンの代表として憲法制定国民議会に派遣されることになります。

これをチャンスとばかり、マノンは夫を叱咤《しった》し説き伏せて一家をあげてパリへ移り住むことにしてしまいます。いよいよ、自分の才能を生かせる機会がめぐって来たのだと思うと、いやが上にもマノンは生き生きと精力的になるのです。彼女は、議会で活躍中の議員たちを自宅へ呼んで、ちょっとしたサロンを開きます。表向きは、夫のロラン氏が中心のサロンですが、実際に采配をふるっていたのはロラン夫人の方であり、彼女の知性や女性としての魅力にひきつけられて、名だたる革命家たちがロラン邸のサロンに集まって来るようになりました。ブリッソー、ペティヨン、ビュゾーなど、後にジロンド派の大物となる人々ばかりでなく、ジャコバン派のロベスピエール

並外れた才知と野心で成功への道を
切り拓いていくマノン
パリ、カルナヴァレ博物館蔵

までもがそこに顔を見せています。

マノンは、賢明に、女性としての評判を落とすことなく、夫の陰にかくれる振りをしながら錚々《そうそう》たるジロンド党の大物たちを操《あやつ》って政治に参加していったのでした。それは彼女が当時の女性に出来る時代の限界をさかしく読みとっていたからというばかりではなく、オランプ・ド・グージュやテロアーニュ・ド・メリクールというような熱烈な女性闘士たちを、心のどこかしらで軽蔑していた部分があったからだと言えなくもないでしょう。

時代は、ロラン夫人にとってますます有利な方向へ流れていきます。

一七九二年、国民公会として出発したかつての議会で、ジロンド派は圧勝するのです。サロンの常連たちは、それぞれに国の最も重要なポストにつき、あげくに、彼女の夫のロラン氏は、内務大臣に任命されたのです。そうしてロラン夫妻は大理石造りの大臣官邸に引っ越し、マノンは〝ジロンド派の女王〟と呼ばれるようになり、それから先は、おとなしくてあまりやる気のない夫ロラン氏を通して思う存分に政治活動の中に入ってゆくのです。内務大臣ロラン氏の文書や演説はすべて妻のマノンの手になるものだということは、もうすでに知らぬ人とてないほどの有名な事実になっていましたし、恋人のジロンド派議員ビュゾーをも操って政務に口出ししていることも、パリの人々に知れ渡っていました。

最初で最後の恋

巷《ちまた》に、ロラン夫人に対する悪意ある噂が流れ始めます。同時に、その頃対立の度合いを増してきていたジロンド派とジャコバン派との政治抗争は、いよいよジロンド派にとって油断のならない状況になってきていました。先を見る才覚もなく大して野心も持たなかった夫ロラン氏（九三年には大臣を辞職）とちがって、マノンは、常に情勢を正確に判断しそれに対応してきました。彼女は早くもジロンド派の敗北を予見します。

それからの彼女は、さながら立派な司令官のようでした。いざという時のために親しい人々の避難場所を用意したり、夫や娘を田舎に逃がすための準備に奔走したり、来たるべき退却と地下潜行の日のために不眠不休の活躍を開始するのです。

けれど事態はマノンの予想より早く悪化しました。一七九三年五月三十一日から六月二日にかけて、テュイルリー宮内にあった国民公会を数万の民衆と国民衛兵隊兵士が銃を構えて包囲する中、ロベスピエール、ダントン、マラーらジャコバン派指導者によって、三十一名のジロンド派議員の国会追放が決定されたのです。マノンは、コミューンの革命委員会によって逮捕され、アベイ監獄へ送られます。夫ロラン氏と、マノンの愛するビュゾーは一足違いでパリから逃げ出すことに成功していました。

逮捕されるとすぐに、マノンは自分の身を待ち構えている運命を悟り、従容《しょうよう》として死におもむく覚悟をしています。それは、彼女が牢獄《ろうごく》の中で初めて、ロラン氏から解放され、熱烈に愛するビュゾーの事だけを考えて暮らせるようになったからでした。長いことマノンは、妻としての義務感から、ビュゾーへの恋心を押さえ貞淑に振舞ってきたのでした。

カーンに逃れたビュゾーと獄中のマノンとの間を、今や誰はばかることもない熱い恋の手紙が往《ゆ》き交います。

「私はこのように鉄の鎖でつながれたことを心から喜んでいます。なぜなら、こうした状態でこそ、自由にあなたを愛することができるのですから」

理性の女性として生きて来たマノンの、生まれて初めての激しい恋情でした。

マノンの処刑は一七九三年十一月八日執行されます。コンシェルジュリ監獄からギロチンの待っている革命広場へ向かう途中、テュイルリー宮の庭園入口に建てられた大きな自由の女神像の前を通過したとき、馬車の中のマノンは、あの有名な言葉を口にしたのです。

「おお、自由よ、汝《なんじ》の名の下にいかに多くの罪が犯されたことか」

妻の処刑を知ったロラン氏は、ルーアンで、もはや生きる事に絶望し自殺しました。断頭台をのがれてうまく地方へ逃げおおせたビュゾーも、結局は逃げ切れずに自殺しています。

やがて一七九四年七月二十七日の、テルミドール九日のクーデターで倒されるまで、ジャコバン派の革命的独裁政府の支配（それは恐怖政治の名で呼ばれました）が続くことになります。

Ⅶ

情熱の女闘士

テロアーニュ・ド・メリクール

Théroigne de Méricourt

1762-1817

テロアーニュ・ド・メリクール（1762〜1817）
1785年頃
パリ、カルナヴァレ博物館蔵

一七八九年十月五日、パリの街は沸きたっていました。あの七月十四日のバスティーユ陥落の後、何とヴェルサイユには、あちこちから宮廷護衛のための連隊が呼び集められ、それらの兵士たちを歓迎するための豪華な宴会がオペラ館で催されていたのです。パリではパンがますます足りなくなり、食糧がものすごい勢いで値上りしていることを、国王も王妃も知らない筈《はず》はないではないか、民衆のバスティーユ襲撃の意味を彼らは解っていた筈ではないのか……否《いな》、ルイ十六世もマリー・アントワネットも、ヴェルサイユ宮の外で現在何が起こりつつあるのか、民衆の叫びの本当の意味を理解してはいなかったのです。

「ヴェルサイユへ！」「ヴェルサイユへ！」

折しも降り始めた雨の中を、たちまちの間に異様なほどにふくれあがったパリの女性たち（ほとんどが、台所をあずかるおかみさん達）の群は、手に手に、とりあえず見つけることのできた武器をふりかざし、ヴェルサイユをさして行進を始めました。絶望や怒りにかられての行進ではありますが、みんな、ずぶ濡《ぬ》れになりながらどことなく陽気でさえありました。

その女たちのひとつの群れを率いていたのがテロアーニュだという説もあり、いや、この日彼女は先にヴェルサイユの議会に来ており、そこでパリからの女たちの行進を出迎えたのだという説もあります。いずれの説も、次の点で一致しております。すなわち、その時のテロアーニュのいでたちは、〝アンリ四世風〟の黒い羽根飾りのついた帽子をかぶり、真赤な婦人用乗馬服を着けた腰にピストルと剣を帯びていたというもので、この勇ましく人目をひく格好が彼女の美貌を一層引き立たせていました。彼女は、そのような格好で議会に出入りして、時には演説をし、ペティヨンやダントン、カミーユ・デムーランなどの革命家たちと面識をもつようになるのです。

革命の嵐《あらし》に飛び込んだ〝異国の美女〟

テロアーニュ・ド・メリクール、すなわち、アンヌ＝ジョゼフ・テルヴァニュは、一七六二年八月三日、ベルギーの小さな村マルクールに生まれました。かなり富裕な地主の娘であり、ロベルモン修道院で教育を授けられた後、家庭に戻りました。継母との折り合いが悪く、家を飛び出し故郷を去って乱脈な生活に入ったという人もあり、また、十七歳のときに、ある貴族に誘惑されて駆落ちし、間もなく棄《す》てられてから放《ほう》埒《らつ》な生活を始めたという人もあります。いずれにせよ、何度か家出をしたという事は事実のようでした。

娘時代の彼女は、「ほっそりとしてスタイルが良く」「愛嬌《あいきょう》のあるかわいらしい顔」をして「生まれつき機知に富み、弁が立ち、快く響く声の持ち主であった」と描写されていますが、実際、革命の動乱の中で名を馳せるようになってからの彼女は、よく〝異国の美女〟〝美しきリエージュ女〟との異名で人々の噂《うわさ》の種となっていますし、彼女の声の素晴しさはなかなかのもので、一時は本格的に歌手になるための勉強さえもしているくらいです。

そんなアンヌ＝ジョゼフに、イギリス人のコルバート夫人が目をつけ、自分の付き添い女として雇うことにしました。この夫人の下でアンヌは、読み書き、音楽などを更に習うのですが、彼女がコルバート夫人のために歌うその声の美しさをあまりにも周囲がほめるので、とうとう彼女は歌手の道にすすんで身をたてたいと決心します。コルバート夫人はそれに賛成し、良い先生につけるために彼女をロンドンへ連れて行くことになるのです。

そこで結局アンヌは恋人をつくってコルバート夫人のもとを出奔《しゅっぽん》し、その後、金持ちの愛人を次々と持っては、彼らを破産させるほど貢《みつ》がせ、その間に、立派な邸宅や召使い、宝石、馬車などをしっかり自分のものにしてゆきます。このため、後々まで彼女は〝高等淫売婦《いんばいふ》〟と政敵からののしられることになるのです。しかし、次々と崇拝者の男たちを破産させてしまう浮気な女ではあっても、彼女は決して堕落してはおらず、非常に生き生きとした想像力と開かれた精神に恵まれていて、自由思想家たちの新しい思想を書いた本をよく読み、殊《こと》に、ジャン＝ジャック・ルソーの著作になじんでいました。

そんな彼女でしたから、ナポリで、フランスの三部会召集のニュースを聞いたとき、目前に展開しつつある革新の大きな動きに興奮し、その偉大な事件の中で自分なりの役割を見つけ出そうと決心すると、「テロアーニュ・ド・メリクール」という偽名を作りあげて、勇躍パリに乗り込み、熱情的に革命運動に身を投じていったのでした。

ところでテロアーニュがそんなにも自己の熱情を傾けたフランス大革命は、まぎれもなくブルジョワ革命であり、したがってその中における女性の権利というものは、想像よりはるかに惨《みじ》めな状態でうっちゃっておかれたままでした。十八世紀が、これほどまでも表だって女性の活躍を許しながら、実際は女性の権利拡張という点になるとまったく保守的であったというのは不思議な感さえあります。女性たちの権利意識を呼びさまし、その生き方を内部から変革するのにあずかったと評価されているジャン＝ジャック・ルソーでさえ、その著作をじっくり読めばわかることですが、女性の教育という問題にふれては旧態依然たる考え方から脱け出そうとはしていません。す

なわち、

「男性から好かれること、その役に立つこと、男性から愛され、尊敬されること、男性が幼い時にはこれを養育し、大きくなればその世話をやくこと、彼らをなぐさめること、彼らのために生活を楽しく快いものにしてやること、こういうことがあらゆる時代を通じて女性の義務であり、また、小さい時から女性に教え込まねばならないことである」

そして、このような女性蔑視《べっし》の傾向は、皮肉なことに革命的な進歩的思想家の中に多く見出されるのです。一七八九年当時、女性には選挙権がなかったことはもちろんですが、三部会召集に際して、プロヴァンス地方では女性達が集まり、女性にも選挙権を与えよとのアピールを出しましたが、そういう動きに対して人々は完全な無視で応じただけでした。そして、一七八九年以降、第三階級が政権をとった後でさえ、自由・平等・友愛の思想を高く掲げて旧体制を裁こうとしている男性たちは、決して女性を政治的に平等であるとは考えなかったのです。

女がこの世に存在するのは、ただ家事にいそしみ、子供を育てるためであって、なまじ男性と一緒になって政治などに関心を持ったりすれば、台所から外の世界へ興味が移ってしまい家事を放棄するばかりだから、男性と同じように政治活動に参加する権利があると考えているような女は、ギロチンにかけられるべきだ……という訳なのでした。そうして実際にギロチンにかけられてしまった女性活動家たちも少なくなかったのです。ジロンド派のビュゾー、ブリッソー、コルドリエ・クラブ会員だったショーメットなど、著名な革命家たちが、この時期、女性の権利について明確に反動的な意見をのこしているのは、〝人権〟が勝ちとられた大革命の中で、一種奇異の観を私たちに与えます。

女性の権利を求めて

一七九二年、立法議会が新憲法の起草を終え、あの輝やかしい人権宣言はいちおうの結実を見ることになったのですが、〝女性の人権〟については、忘れ去られたままの状態でした。そこで女性革命家のオランプ・ド・グージュは、十七ヶ条からなる『女性と婦人市民の権利の宣言』を書き、その中で、基本的人権における男女の平等、女性の公職につく権利や政治参加をする権利、果ては、未婚の母や非嫡出子《ひちゃくしゅつし》の権利までをも主張しているのですが、マラーやロベスピエールに対する攻撃の激しさが災いして、一七九三年に逮捕されギロチン台に送られてしまいます。

テロアーニュが、優雅な愛妾《あいしょう》生活を放り投げてパリにやって来たとき、彼女を迎えた大革命の波は、まさにこういう状態にあったのでした。

貴族の愛人をしていた間にしっかり貯《たくわ》えた財産で、テロアーニュはトゥールノン街に邸宅を構え、そこに、ミラボー、シェイエス、ダントン、デムーラン、ペティヨンといった面々を招いて交際を始め、その後は、革命史のあらゆる重大な事件に姿を見せるようになります。議会やコルドリエ・クラブへ現われては弁舌さわやかに演説をし、動議を提起する美貌の女闘士は、大きな歓呼をもって迎えられるのですが、しか

マスコミが作り上げた
“高等淫売婦”テロアーニュの像
1845年の印刷物より
パリ、カルナヴァレ博物館蔵

し、代議士たちは、つまるところ彼女の言動を本気には受けとめてはいませんでした。彼らは、テロアーニュをいくぶん皮肉のまじった好奇の目で見ていただけで、当時のジャーナリズムも彼女のことを、常軌を逸した馬鹿《ばか》な女と受け取っていた様子です。バスティーユ牢獄のあった場所に国民公会の議事堂を建設しようと呼びかけたり、女性の権利について研究するクラブを作ろうと働きかけたりしながら、私財をなげうち、生活に窮していくテロアーニュに対してのジャーナリズムの攻撃は、想像を絶するほどのすさまじいものです。

いかがわしい三流、四流の雑文書きの記者たちが、でっち上げや事実の歪曲《わいきょく》などおかまいなしに、低劣で無責任な記事を書きまくるという様子は、現代の日本と少しも変わらない観を呈していますが、面白いのは、そういった三流、四流記者たちの名前が、一流のジャーナリストたちのそれと同様に、今も伝えられて残っているという事です。

殊に王党派のジャーナリズムの攻撃や嘲笑《ちょうしょう》に身の危険を感じたテロアーニュは、一時パリを去り、オランダに逃れ、そこから生まれ故郷のリエージュ地方に戻ることになりました。ところがベルギーのこの地にはフランスの亡命貴族たちが多数滞在しており、彼らによって住居をオーストリア官憲に密告されたテロアーニュは、一七九一年二月十五日、誘拐同様に逮捕されて、馬車に乗せられチロル地方のクフシュタイン城塞《じょうさい》に監禁されてしまいます。その後ウィーンに護送され、マリー・アントワネットに危害を加えようとしたという無実の容疑で裁かれるのですが、たまたま、オーストリア皇帝レオポルド二世がこの有名な女扇動家に興味を抱き、彼女を引見したため、彼女の監禁が不当なものであった事がはっきりし、テロアーニュは釈放されることになったのでした。

パリに帰還したテロアーニュは、その受難によって、愛国者たちの熱狂的歓迎を受けます。ジャコバン・クラブを訪れた彼女は拍手で迎えられ演壇に上って、数奇な迫害の経験を語ります。議員マニュエルは賛美の言葉の後で叫びます。

「すべての女性の指導者である彼女の名誉のために、今日は、われらの議長の隣りに女性議長としての席を設けることを提案します」

結局この案は受け容《い》れられませんでしたが、この日が、テロアーニュの名声の絶頂期であった事は間違いのないことです。

その後、彼女は、女性から成る軍隊の編成を計画したり、女性の権利拡張のために男性と争うことを呼びかけたりしたために、愛国者たちの反感を買い始めました。革命的な新聞が、女権拡張運動に対して激しく反対するような記事を載せ始め、その中で、〝女性に家事仕事などの本来の義務を放棄させようとしている〟として、テロアーニュを非難するようになったのです。当時の新聞によれば、「わがフランスの女どもに政治的権利を絶対に与えるべきではない」し、「女たちには請願の権利さえも与えられないようにすべきである」というわけなのでした。その頃の彼女は、サン＝タントワーヌ街で週三回、女たちを集めて啓蒙《けいもう》のための集会をやっていたのですが、この事によって、ジャコバン党本部に告発されるという始末です。

一七九二年八月十日のパリ市民によるテュイルリー宮襲撃の際には、市民の先頭に立って参加するのですが、この日テロアーニュは市民によって逮捕された一群の王党派の中に、かつて自分をさんざんに罵倒し売春婦扱いにした雑誌記者シュローの姿を発見します。怒りを押さえ切れず彼女がシュローに飛びかかるや、たちまち群衆がシュローを襲い剣で突き刺して殺すと、血だらけのその首を槍《やり》にさして振り回しました。

先駆者ゆえの悲劇

この頃から彼女は、過激派を離れ右派のジロンド党に接近していくことになります。一七九三年五月三十一日（マラー一派によるジロンド派弾圧の日）、テロアーニュは、国民公会の周辺にたむろする群衆を前にして、ジロンド派議員ブリッソーを弁護する演説を行ないました。そして、これがテロアーニュにとって最後のとどめの一撃となる事件を引き起こしてしまうのです。

演説を終えた彼女はしばらくして、テュイルリー庭園の中にあるフィヤン寺院のテラスを歩いていましたが、そこで、反ジロンド派に同調するおかみさん連中（″編物女たち″と呼ばれていた）に取りかこまれ、スカートをまくりあげられると、公衆の面前

サルペトリエール病院での
メリクール
ジョージズ＝フランソワ＝
マリー・ガブリエル画
1816年
パリ、カルナヴァレ博物館蔵

でお尻《しり》をさんざんに打たれました。テロアーニュは、すさまじい叫び声と絶望と屈辱のうめき声をあげたと伝えられています。そして彼女らから解放されたとき、テロアーニュは気が狂ってしまっていたのです。

一七九四年に、その奇行のためサン・マルソー街の精神病院に運ばれ、やがて悪名高いサルペトリエール監獄の施設に移送され、そこから更にプティット・メゾン病院、一八〇七年には再びサルペトリエールへと転々とし、そこで生涯を閉じることになります。テロアーニュは、真冬でもシャツ一枚もまとわず、凍りついた桶《おけ》の水を頭からかぶったり部屋にまきちらしたりし、〝自由〟という言葉と王党派を呪《のろ》う言葉を繰り返す以外のことは何もしないまま、二十年も狭い独房の中での生活を続け、一八一七年六月九日に息を引き取りました。

時代に早すぎた登場をした他の女たちと同様、テロアーニュ・ド・メリクールも、先駆者としての苦難の人生を生きねばなりませんでした。

Ⅷ

暗殺の天使

シャルロット・コルデー

Charlotte Corday d'Armont

1768-1793

シャルロット・コルデー（1768〜1793）
ヴェルサイユ、ランビネ美術館蔵

雷鳴が轟《とどろ》きわたると、強いにわか雨がパリを濡らし始めました。にもかかわらず、コンシェルジュリの出口から革命広場（現在のコンコルド広場）に至る道を埋めつくした群衆は、ひとりとして立ち去ろうとしません。断頭台へ向かう粗末な馬車は、人々が押しあいへしあいするので、なかなか前へも進めないような状態でした。

馬車の中の椅子《いす》に坐《すわ》りもせず、気丈にも立ったまま静かに沿道の人々を眺めている、若く美しい女性の名は、シャルロット・コルデー。彼女は、ダントン、ロベスピエールと並ぶフランス革命の大物指導者マラーをたった一人で暗殺したために、これから革命広場で処刑されようとしているのであり、そして死後、あの詩人ラマルティーヌによって「暗殺の天使」との称号を与えられようとしているのです。

馬車に同乗していた死刑執行人サンソンは、この彫像のようにすらりとして美しいうら若い女性が、沿道の人々の罵声《ばせい》にも動じず、瞼《まぶた》のひとつも震わせることなく、最後まで同じように勇敢で穏やかな態度を取り続けたことに、驚嘆の意を表わしています。一七八九年以来、あまたの人々の血を吸って来たギロチンですが、アンリ・サンソンは、父から死刑執行人の家業を継ぎ、偉大な人物も卑小な人間もとり混ぜて、恐怖政治下のあらゆる人間の処刑に立ちあって来て、これほど若く美しい女性が、これほど沈着に、そして優しい微笑さえ浮かべて死におもむくのを見るのは初めてでした。

いつも、死刑囚の苦痛を少しでも和らげるための気配りを忘れなかった心優しいサンソンが、シャルロット・コルデーにはとりわけ優しい配慮を示しています。

赤いだぶだぶのシャツを着て、おかみさん連中から唾《つば》を吐きかけられながら、優雅なしぐさで断頭台の梯子《はしご》を登っていくシャルロット・コルデーの美しさは、罵《のの》りや嘲《あざけ》り、非難の言葉の中で、一層気高さを増して輝やいているように見えました。

没落貴族を襲った革命の波

マリー・アンヌ・シャルロット・コルデー・ダルモンは、ノルマンディの小さな村に生まれました。コルデー・ダルモン家は、あの大劇作家コルネイユの血を引く古い家柄の貴族でしたが、シャルロットの父の代にはもうすっかり没落し、コルデー家の家計を支えていたのは僅《わず》かばかりの農園という状態でした。

シャルロットが十三歳の時、母が亡《な》くなったので、彼女は妹と共に、カーンの街にあるアベイ・オ・ダームという修道院に引きとられました。そこで静かな祈りや労働に明け暮れながら、彼女は日課の合い間をみてはルソーを始めとする十八世紀の思想家たちの著作や、プルタークの『英雄伝』などを読みふけります。とはいっても、彼女は別に外に出て何かをしたいと考えていた訳ではなく、そのまま結婚もせず修道院で静かな一生を終えたいと願っていたようです。

そんな、もの静かで優しいシャルロットが、やがて単身パリへ乗り込み、あの大胆不敵な暗殺を敢行するに至る最初の激動の波は、一七九一年に襲ってきました。革命政府によって、教会や修道院がすべて国有財産と定められ、シャルロットのいた修道院が閉鎖されてしまったため、彼女は揺れ動く社会の只中《ただなか》へいきなり放り出されてしまったのでした。

カーンで、彼女は叔母のブルトヴィル夫人の屋敷へ身を寄せます。そうしてそこで、彼女は自分の冷静で明晰《めいせき》な判断力をもって、じっと革命の動きを観察するのです。彼女が論理的で明晰な頭脳に恵まれていたことは、当時彼女の書きのこした手紙などで十分に窺《うかが》い知ることができます。その上、独立心や判断力もあり、豊かな想像力と感じやすい心の持ち主でした。当時カーンは、政治的にかなり重要な位置を占めており、シャルロットが政治的な事柄に関心を抱いたのも、ごく自然の成りゆきでした。

ブルトヴィル夫人の屋敷で暮らすようになって間もなく、フランス全土を揺るがすような大事件がもちあがります。すなわち、ルイ十六世とマリー・アントワネットのヴァレンヌ逃亡事件です。この国王逃亡事件によって、フランス革命はその後大きく方向を転換してゆくことになったのです。

それまでは、主として革命の指導的立場にあったブルジョワジーや自由主義的貴族たちは、ルイ十六世を戴《いただ》いたままで憲法を定め、フランスを立憲君主国にしようという考えでいたのです。ところが、このヴァレンヌ逃亡事件によってルイ十六世は国民から見捨てられることになり、民衆の間から、共和制を望む声が怒濤《どとう》のようにわき起こって来ることになりました。各地で領主の城館が焼き打ちにされたり、新しく革命政府の出す条令をめぐっての流血騒ぎが繰り広げられていく中で、シャルロットは、比較的冷静に、共和主義者としての自分をみつめています。

けれど、彼女は落ちぶれたとはいえもともとは貴族、いくら共和主義に共鳴したとしても、過激派の立場に立つことはありませんでしたし、また決して最下層の民衆と考えを一つにするということもあり得ませんでした。パリで、そして議会で、ジャコバン派とジロンド派の対立が激化してきたとき、彼女は迷わずジロンド派支持の立場をとります。それは、ひとつには、当時彼女の住んでいたカーンという街が、ジャコバン派によってパリを追われたジロンド派議員たちの反撃の、最大拠点であったという事情にもよっています。

一七九三年五月三十一日から六月二日にかけて、マラーやロベスピエール、ダントンンらジャコバン派の有力議員たちによって、三十一名のジロンド派議員が国会から追放されました。一七八九年七月十四日のバスティーユ陥落によって火ぶたを切って落とされたフランス大革命は、一七九一年六月のヴァレンヌ事件を契機に第二段階へ突入し、一七九二年八月の王権停止宣言によって、完全に立憲君主制から共和制へと、その目指す方向を転換しました。しかし、貴族の支配する専制政治から〝自由〟と〝平等〟を勝ち取ろうと協力して闘ってきたブルジョワジーと労働者階級の民衆は、そろそろこのあたりから対立を表面化させて来るのです。

ちょうどこの頃フランスは、オーストリアをはじめとするヨーロッパ諸国との戦争に突入しており、深刻なインフレと食糧不足が民衆の生活をどん底にまで追いこんでいたため、資本家階級と労働者階級との利害の対立がよけいはっきりした形で現われて来る結果ともなったのです。こうした事情の中で、簡単に言ってしまえば、ジロンド派はブルジョワジーの側につき、ジャコバン派は民衆の側について、国会の中での政治対立を激化させていっていたのでした。

ですから、一七九三年五月三十一日から六月二日にかけてのジロンド派議員追放は、革命がいよいよ第三段階に入り、主導権が労働者階級の手に移行した契機となった事件であったと言えるでしょう。そして、このジロンド派議員追放が、マラーの指導によるものに違いないと判断したときから、シャルロット・コルデーの内部に、マラーに対する激しい憎悪《ぞうお》が沸きあがってきたのでした。追放されてパリからカーンに脱出してきたジロンド派議員のうちの一人、美しい容姿をもった青年バルバルーにシャルロットが魅せられ、彼と恋人同士になっていたために扇動されたのだと伝えられてもいますが、シャルロットのロマンスについては、実際のところは、確かな情報や史料は何ひとつ残ってはいません。

天使の一撃

それにしても、フランスのために倒さねばならない敵として、シャルロットが、ダントンでもロベスピエールでもなくマラーを選んだというのはどういう理由からだったのでしょうか。九月虐殺《ぎゃくさつ》や国王の処刑に関してのマラーの過激な演説が、あたかも彼が血に飢えた独裁を目指す指導者であるかのような印象を、人々に与えていたからだという説もあり、シャルロットが反ジャコバンの宣伝物しか読まずにマラーを誤解したのだという説もあります。或《あ》るいは実際に、マラーはその噂通り、血に飢えた凶暴な扇動家で、邪魔者を血祭りにあげるという恐怖政治の強力な推進者だったのだという説もあります。

いずれにしても、シャルロットがマラー殺害を一人で決心したこの頃、マラーは大変重い病気にかかっており、自宅で療養中で議会には出席していませんでした。自分の新聞『人民の友』のために記事を書き続けてはいましたが、実際の政治にとっては、もはや以前ほど影響力のある政治家ではなくなっていたのです。しかし、思いつめると一途《いちず》になってしまうシャルロットには、もはやそんなことはどうでもよかったようです。

七月九日、彼女は叔母ブルトヴィル夫人に別れを告げ、父にはイギリスへ亡命するとの手紙を書いて、誰にも本当の事は知らせずに一人でパリへ発《た》ったのでした。二日間乗合馬車に揺られてパリへ着いたシャルロットは、テュイルリー宮からほど近いところにあるプロヴィデンス（神の摂理）・ホテルに部屋を取り、いよいよ計画の準備にかかるのです。

ところで、部屋に落ちついたシャルロットは、そこで初めて、マラーが心優しい人間でパリの人々に愛されていること、そして現在重い病気にかかって議会には出ていないことを知らされるのですが、それらの発見も、彼女の意志を翻《ひるが》えすのに何の役にも立たなかったようです。

議会の中でマラーに天誅《てんちゅう》を加えるという当初の計画が変更を余儀なくされてしまったので、シャルロットは、パレ・ロワイヤルで包丁を買ってから辻馬車を拾い、コルドリエ街にあるマラーの自宅を訪ね、内縁の妻のシモーヌ・エヴラールとその妹に、マラーに会わせてほしいと頼むのですが、すげなく断わられてしまいました。それで仕方なく宿へ戻ったシャルロットは、マラーに面会を求める手紙を書いて出し、その手紙が届いた頃にもう一度彼の自宅を訪ねるのです。

玄関先での押し問答のあと、結局シャルロットはマラーの浴室へ通されます。というのはマラーの病気は炎症性の全身湿疹で、彼はその苦痛をやわらげるためほとんど一日中硫黄《いおう》水を張った浴槽で入浴をしていたのです。シャルロットは、マラーに二人きりで会ってもらう口実として、カーンでジロンド派議員たちの反乱が計画されているので、その謀反《むほん》人どもから自分たちを救ってほしいという訴えを作りあげます。そして、すっかりそれを本気にしてしまったマラーは、何の用心もせず裸の上半身を浴槽から出したままシャルロットと面会し、その話を聞いて書きとめていたのでした。

包丁が振りおろされます。

マラーには、抵抗をするいとまもなかったことでしょう。偶然か計算の上でか、シャルロットの渾身《こんしん》の刃《やいば》の一撃は肋骨《ろっこつ》の間を正確に刺し貫き、みごとに肺動脈を切断し

マラーの死、1793年7月13日
ジャン=ジャック・ハウアー画　1794年
ヴェルサイユ、ランビネ美術館蔵

てしまいました。七月十三日午後七時過ぎのことでした。

シャルロットは直ちにその場でとりおさえられ、アベイ監獄の独房に放り込まれます。それは、ほんの少し前までジロンド派のロラン夫人が監禁されていた牢獄《ろうごく》でした。

裁判の間もシャルロットは毅然《きぜん》として確信に満ちた姿勢を崩すことはなく、終始、自分の行動に誇りと満足を感じていると証言してはばからず、当然のように死刑の判決を受けとめています。彼女のただひとつの要求は、処刑前に画家を呼んで自分の肖像を描かせてほしいということでした。

ところで、殺されたマラーが当時パリの人々から熱狂的に愛されていたというのは本当だったらしく、あの高名な画家ダヴィッドは、人民のために殉教者マラーの最期《さいご》を描きのこしたいと国民公会に申し出て、わざわざ腐敗の始まっているマラーの遺体を運ばせ、既に腐ってしまった腕には他人の死体の腕をくくりつけたり、口の外に垂れていた舌は切断してしまったりの薄気味悪い作業を経て、あの有名な〝瀕死《ひんし》のマラー〟の絵をのこしたのでした。

雨はまだ降りやまず、シャルロットの類《たぐ》い稀《まれ》なほど白い肌をお構いなしに濡らしていきます。死刑執行吏サンソンは、先ほどから驚嘆をもって眺めていたこの勇敢な若

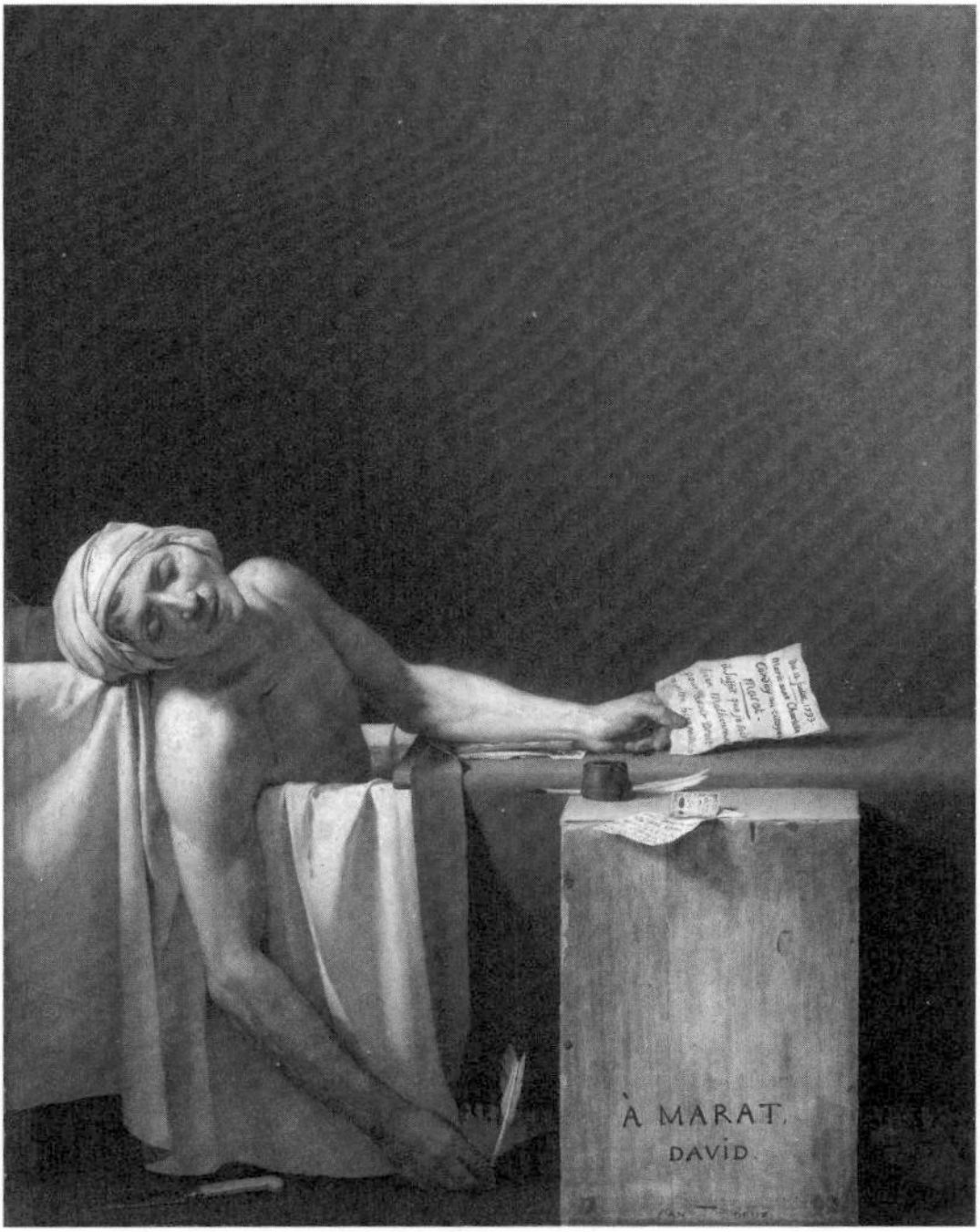

マラーの死
ジャック＝ルイ・ダヴィッド画　1793年
ブリュッセル、ベルギー王立美術館蔵

い女性の苦悩を一秒でも長びかせないために、できるだけすみやかにギロチンの刃の掛け金を外させるようにしてやりました。鋭い刃がシャルロットの胴体から首を切断すると、どっと喚声がわき起こり、そして広場はしんと静まり返りました。執行吏の助手が籠《かご》の中から彼女の首をつかみあげて、その頬に二度平手打ちを加え、群衆からの非難を浴びました。

シャルロット・コルデーのとったこの行動は、果たして正しかったのでしょうか、それとも人民の友を故《ゆえ》なく憎んでの狂信的行動だったのでしょうか。ただ、自分の死

刑場にひかれるコルデー
パリ、カルナヴァレ博物館蔵

によって必らず祖国フランスには平和がもたらされると彼女が信じていたのは間違いないのです。わずか二十五年の生涯を犠牲にしてまで彼女が願ったフランスの平和、恐怖政治の終焉《しゅうえん》は、しかし当分訪れることはなく、この後フランスは更に更に血なまぐさい内乱に陥っていくことになるのです。

ジャン＝ジャック・ハウアーが描いた、
処刑直前のコルデー（後の複製版画）
パリ、カルナヴァレ博物館蔵

IX

優しき革命家の妻
リュシル・デムーラン
Lucile Desmoulins

1771-1794

リュシル・デムーラン（1771〜1794）
ルイ＝レオポルド・ボワイー画　1790年頃
パリ、カルナヴァレ博物館蔵

一七八九年七月十二日、パレ・ロワイヤルの広場で、熱狂した数千の群衆を前にしてピストルを振りかざし、大声で扇動的な演説をしている青年がありました。この日、大蔵大臣ネッケルが、突然国王ルイ十六世によって罷免《ひめん》されたのです。

三部会の召集の後、第三身分の代議士たちは、国民の九十六パーセントを代表するという自負のもとに、《国民議会》を構成し、他の二つの身分の代議士に対しても、これに合流するよう呼びかけました。蔵相ネッケルは、これを支持し、国王に対して、三階層の合同への同意、王国憲法の修正などを進言していたのです。このジュネーヴ出身のもと銀行家は、当時市民の圧倒的な支持を得ていたので、彼の罷免は、市民にとっては、旧体制側からの重大な挑戦に映りました。

少しどもりながら、吼《ほ》えるように人々にネッケル罷免を伝えているこの青年は、弁護士であり、名をカミーユ・デムーランといいます。カミーユは興奮して傍にあった木の葉を取り、それを記章にして武器をとって起《た》ちあがろうと呼びかけているのです。

そしてこの呼びかけは、たちまちパリ市民の熱狂に更に火をつけ、人々は先を争うように武器を求めに奔走し、やがて二日後には、旧体制の象徴と目されていたバスティーユ牢獄が占領されたのです。

七年がかりの恋

こうして革命の先頭におどり出て一躍名を馳《は》せたカミーユ・デムーランは、弁護士としてよりも、その後はジャーナリストとして目ざましい活躍を開始します。『レヴォリュシオン・ド・フランス・エ・ド・ブラバン』紙を創刊し、その紙上で自らの民主主義思想を展開し、ロベスピエールやブリッソー、ペティヨン等の名のある革命運動家たちとも親交を持って、大革命の車輪を動かす力の一端を担《にな》うようになるのです。

このとき、カミーユには何年もの間想《おも》い焦《こ》がれて来た意中の女性がありました。リュシル・デュプレシ。

彼よりも十一歳下のパリ娘で、大蔵省高官の娘として恵まれた育ちをしてきた女性でした。母親のデュプレシ夫人は、当時稀に見る美貌《びぼう》の人として有名で、それ故に恋多き女性でもあり、リュシルの両親は、そのために必らずしも仲のよい夫婦とは言えませんでした。けれどもこの母と娘は大変仲が良く、どんなささいな事でも打ち明けあい話しあっていたようです。

リュシルは、家の近くにあるリュクサンブール公園を母と一緒に散歩するのが大変好きでした。彼女がまだ十二歳の少女だった頃、いつものようにお気に入りのリュクサンブール公園の木立ちの間を駈《か》けまわっていると、たまたま近所のカルチェ・ラタンに住む貧相な学生と出会います。ハンサムとはお世辞にも言えない顔だち、すりきれたいかにも貧しげな服装で、内気そうに読書をしていたこの青年こそ、リュシルの生涯を通じての最愛の人となるカミーユ・デムーランでした。

カミーユは、フランス北部エーヌ県から出てきて、弁護士になる勉強をしており、あのロベスピエールとはルイ・ル・グラン学院で何年か一緒に寄宿生活をしたこともありました。彼は、まだわずか十二歳のリュシルの可愛《かわい》らしい顔立ちや、育ちの良い娘らしい優雅な挙措《きょそ》、天真爛漫《らんまん》な笑顔などにすっかり魅惑され、読んでいた本を閉じると、長い間じっと彼女の遊んでいる様子に見入っていました。

カミーユは、翌日も翌々日もリュクサンブール公園に姿を見せます。そしてある日、とうとうカミーユは思いきって少女の母親に声をかけてみました。母親は思いのほか優しく親切な態度を返します。それは、この若い学生が、身なりは貧しくとも態度が上品で、人を引きつけるに十分な魅力があり、知的で育ちの良さを思わせる言葉づかいをすることができたからでした。彼は、もちろんのことリュシルにもすっかり気に入られます。そうしてデュプレシ家への出入りが許されるようになりました。

ただ、リュシルの父親は、この若い学生に好意を持ち娘との交際を許しはしたものの、娘の結婚相手としては十分ではないと考えていました。それゆえ、カミーユが弁護士の資格を得たときにリュシルとの結婚の許可を申し出た際、それを許さなかったのです。

やがて冒頭に述べたシーンを経て、フランス大革命が勃発《ぼっぱつ》します。カミーユ・デムーランは今や〝有名な〟ジャーナリストであり革命家となりました。リュシルの父親にとっては、不安定なジャーナリストという職業が、娘を嫁がせて新しい家庭を営ませるに足るものとは到底思われませんでしたが、リュシルとカミーユの交際はもう七年以上も続いており、その間に二人の愛情は、さめるどころかますます揺るぎないものとなってきていました。そういう訳でしたからデュプレシ氏も、この若い二人が愛しあい結婚するために生まれて来たことを、認めないわけにいきませんでした。

〝やさしくけなげな〟主婦

リュシルとの結婚が許されたとき、カミーユは、その喜びを故郷の父親に書き送っています。

「きょう（一七九〇年）十二月十一日、とうとうぼくの最大の願いは叶《かな》えられました。

幸福の女神はこのぼくを長いこと待たせましたが、ついにやってきたのです。今ぼくは、この地上で味わえるかぎりの幸福を味わっています」

そしてもちろん、リュシルの方も、嬉《うれ》しさのあまり涙が滝のように流れ出るのをとどめることができませんでした。

約二週間の後、カミーユとリュシルは、サン・シュルピス教会で豪華な結婚式をあげます。何しろデュプレシ氏は莫大《ばくだい》な資産があり、リュシルの持参金だけでも当時のお金で十万フラン［83ページ注1参照］という大変な額でした。結婚式の豪華さに花を添えたのは、ペティヨンや、国民議会議員のロベスピエールやブリッソー、そしてメルシェというふうな、当時の著名人たちの立ち会いがあったことです。

カミーユがリュシルと結婚できたのは、ひとえにフランス大革命によって彼が有名になったからと言えるのですが、この革命の嵐《あらし》の中に若い二人の運命はのみ込まれ、そうしてやがて永遠に引き離されることになってしまおうとは、幸福の絶頂にあった結婚式のこのとき、どちらも想像してみることさえできなかったに違いありません。

若い夫婦は、激動する外界にしばらくの間扉を閉ざし、待ちこがれた幸福を享受《きょうじゅ》しました。義父母のデュプレシ夫妻は、娘夫婦のために、立派な調度や食器類まで揃《そろ》えた快適な住まいを用意してくれており、その二人の愛の巣を、優しく美しいリュシルが、これ以上はないほどの女らしいこまやかな心づかいで暖めます。二人の新家庭は、疲れた革命家たちの、しばしの憩《いこ》いの泉ともなりました。やがて二人に男の子が誕生し、オラースと名付けられます。激流にのみ込まれる前の束《つか》の間《ま》の幸福は、じきに破られてしまうことになるでしょう。

だいたいが、リュシルという女性は、《やさしくけなげな妻》として生きるのが一番ふさわしい、従ってそれ以外の能力を何も持ちあわせてはいない、いわゆる典型的な良妻賢母型女性でした。おそらくは、カミーユと結婚することがなかったら、彼女の名前は大革命の史的記録の中に見つけ出すこともなかったかもしれません。彼女が反革命の罪状で夫につづいてギロチンで処刑されたのも、決して彼女が何か確固たる自分自身の政治的思想を抱いていたことの結果ではありませんでした。リュシルは、夫のすることならどんなことにでも盲目的な賛美を示し、それゆえに、カミーユが革命家であったため、彼女も共和主義者となったのでした。

一七九二年八月十日のパリ市民のテュイルリー宮襲撃の頃、リュシルはようやく、愛する夫がどんな危険な職業にたずさわっているのかを悟って愕然《がくぜん》とします。彼女は、ごくあたり前の主婦らしく、夫に、こんな危ないことにはかかわりあわないでくれと泣いて懇願するのです。

カミーユ・デムーラン夫妻と息子のオラース
ジャック＝ルイ・ダヴィッド画　1792年頃
ヴェルサイユ宮殿美術館蔵

それでも、結果的にカミーユや友人のダントンらの企てが成功し、ダントンが法務大臣の地位を手に入れてカミーユが出世をすると、嬉々《きき》として激越な調子で日記の中にマリー・アントワネットを罵倒《ばとう》する言葉を連ね、国王処刑に賛成の立場を（夫カミーユの受け売りで）取っています。国民公会の中でジロンド派とジャコバン派の対立が激化してくると、ジャコバン派のカミーユは、自分達夫婦の結婚の立会人であるかつての親友ブリッソー等に対して激烈な攻撃を加えはじめますが、リュシルももちろん、夫に倣《なら》って同じ立場を取るのです。

彼女にとっては、カミーユの信じていること考えていること言うことが絶対なのであって、それに対して批判を行なったり、あるいは自分自身の視点に立って世の中のことを評価し、ときには夫と考え方の違いから論争もする、などということは思いもよらないことであり、また彼女にはそうするための能力の持ちあわせもありませんでした。それ故に、彼女が後世の男性たちから高い評価を与えられ、ほめそやされているのも解《わか》るような気がするではありませんか。

ジロンド派が壊滅しジャコバンの天下がやって来ると、こんどはそのジャコバンの中に内部分裂が起こります。この内部分裂こそは、フランス大革命が内部に持っていた真の意味――同時に矛盾――の顕在化にほかなりませんでした。他の章でも触れましたが、一七八九年当時の第三身分は、第一、第二身分を倒したときに、やがて内部分裂してゆき、有産階級と無産階級に分れて闘う必然性を既に持っていたのです。

　カミーユやダントンは、ジャコバン右派として有産階級（ブルジョワジー）の利益を代表する立場にたち、無産階級（プロレタリアート）の立場や利益を守ろうとして革命的独裁を推進するジャコバン左派、すなわち《過激派》と激しく対立してゆきます。

ただ、ダントンがいかにも意志と信念の人であったのに対して、カミーユの方は、かつてマラーが評価したように、意志薄弱で浅薄な点がありました。そのため、ダントンを支持して闘いを進めていく中においても幾度か恐怖にかられ、有名になったことを悔やみ、何とか安全に平和の中へ逃げ込む道はないものかとオロオロしたりもします。

〝清廉《せいれん》の人〟ロベスピエールは、カミーユの昔からの親友であり、当初はカミーユと同じように〝過激派〟をジャコバンから除こうとしていたのですが、ダントンに対しては批判的な立場をとっていました。この立場の違いは、やがて絶望的な対立となって、カミーユとロベスピエールを対決へと導いていくのです。革命的独裁、恐怖政治を押しとどめようとしたダントン派は、いわば、轟音《ごうおん》をたてて坂道を転がってゆく車輪をとどめようと企てた人々であったと言えるでしょう。その企てに対する評価は決して低いものではありませんが、しかし、時期が既に遅すぎました。皮相な言い方をすれば、大局的見地に立てば早すぎたのだと言えないこともないでしょう。

当然の成りゆきで、ダントン派はやがてロベスピエールらによって逮捕され死刑の宣告を受けます。罪状は、〝革命に対する裏切り〟です。

あの、二人がまだずっと若い日に初めて出会ったリュクサンブール公園の真向いのリュクサンブール監獄に、夫が監禁されてからのリュシルの行動は、一貫していました。すでに彼女の頭の中からは革命の理想も信念も客観的な洞察も消しとんでおり、ただただ愛するカミーユを救い出すこと、カミーユをこんなひどい目にあわせて自分から引き離した革命家たちに復讐《ふくしゅう》を加えてやりたいという意志しか残ってはいません。カミーユなしでは生きてゆくこともできないと知っていた彼女は、身を飾ることも忘れ、狂気のようになって、さまざまな役所にお百度を踏んだり、路上で革命政府を口ぎたなく大声でののしったり、かつての親友であったロベスピエールに手紙を書いて夫の助命嘆願をしたりするのですが、すべての努力は無駄に終わってしまいました。

監獄から、絶望にひしがれたカミーユが熱愛する妻にあてて書いた手紙には、リュシルに対する尽きることのない愛があふれており、その愛に命をかけても応《こた》えようとしたリュシルの取り乱した姿が、生々しく映像となってよみがえって来るような錯覚さえ私達は抱いてしまいます。

一七九四年四月五日、ダントン派の処刑は執行され、同時にリュシルも逮捕されました。夫を処刑され、理性を失って狂いたっているリュシルが反革命の陰謀を企てているという容疑によるものでした。簡単な尋問のあと、夫と同様に死刑を宣告された彼女は、その宣告を聞き終えると、「幸せだわ、もうすぐ再び夫に会える」と言ったと伝えられています。

処刑の前、監獄から短くさっぱりとした別れの手紙を母親に宛《あ》てて書き終えると、リュシルはゆっくりと身じまいを始めます。彼女は〝逢《あ》いびきにでも出掛けるように着飾り〟〝喜び勇んで〟処刑台へ彼女を運ぶ馬車に乗りこみ、自らすすんでステップも軽く断頭台に駆けのぼりました。一週間前に処刑されたカミーユの方が、死を恐れ、処刑のときにも取り乱し震えっぱなしだったのと較《くら》べると、〝もうすぐ愛するカミーユに会える〟という思いが、いかにこの平凡で愛情深く優しいリュシルを強く支えたかうかがえるような気がして、涙をさそわれます。

X

流転の王女
マリー・テレーズ・ド・フランス
Marie-Thérèse de France

1778-1851

マリー・テレーズ（1778～1851）と
弟のルイ・ジョゼフ
ヴィジェ゠ルブラン画　1784年
ヴェルサイユ宮殿美術館蔵

一七九三年八月一日から二日にかけての夜、もうすこしで十五歳になろうとしているマリー・テレーズは、ただならぬ物音に眼をさまします。ミショニーを先頭に革命委員たちが、彼女や母親のマリー・アントワネットの暮らしているタンプル塔の一室に入って来たのです。彼らは、母マリー・アントワネットをコンシェルジュリに移送するためにやって来たのでした。

このタンプル宮殿に付属している陰惨な石づくりの中世風の塔に、マリー・テレーズが母や父ルイ十六世、弟の王太子ルイ・シャルル、そして叔母にあたるエリザベート内親王と一緒に移されて来てから、もう九ヶ月以上が過ぎようとしています。その間に、一家は三人に減っていました。その年のはじめ、一月二十一日には、父ルイ十六世が家族のもとを去り断頭台での最期を遂げていましたし、六月の二十九日には公安委員会の決定によって幼ない弟ルイ・シャルルが母親から引き離されました。そのとき母親のマリー・アントワネットは悲鳴をあげてルイ・シャルルをしっかりと腕の中にかかえこみ、役人たちの脅しや説得、罵詈《ばり》のうちに、一時間にもわたって抵抗を続けたのです。かわいそうなルイ・シャルルが泣く泣くみんなにお別れのキスをして部屋を出ていってからもずっと泣き続けていた母が、今度は連れて行かれる番なのです。

あの日以来、母マリー・アントワネットは、絶望のあまり、何かしら物事に感じたり心を動かしたりすることもすっかりなくなってしまっているようでした。役人が、〝特別法廷〟に移管するためマリー・アントワネットをコンシェルジュリに移す旨《むね》の令状を読みあげても、彼女は、あたかもとうにそれを予想していたとでもいうように無表情のまま起きあがり、身の廻りの品をまとめ始めたのです。仕度が済むと母は娘にキスをして、「勇気を出し、健康に気をつけるように」と言い残し、エリザベート内親王に娘を託すと、もう振り返りもせずに部屋を出て行ってしまいました。

とうとうマリー・テレーズは叔母と二人きりで取り残されてしまったのですが、この叔母もやがてギロチンの露と消え、彼女はこの世にたった一人ぽっちでのこされてしまうことになるのです。今の彼女の年頃には、母は幸福になることだけを夢みて、はるばるウィーンから豪華な馬車に乗ってこのフランスへお輿入《こしい》れしてきていました。母の娘時代に較べると、マリー・テレーズのそれは、小さな女の子が担うにはあまりにも重い苦渋に満ち満ちているような気がします。

十一歳で迎えた嵐

マリー・テレーズが生まれたのは一七七八年十二月十九日、七年間も国民や宮廷から待たれたあげくにようやくマリー・アントワネットが身籠《みごも》ることのできた子供でした。みんなは当然のことながら王子の誕生を期待していたのでしたが、たとえ王女だったとしても、新しい国王夫妻に子供をもうけることができることが立証されただけで、国中は沸きたちました。パリ市の祝砲が一斉にとどろき、花火が打ちあげられ、

少女のマリー・テレーズ
アドルフ・ユルリク・
ヴァァットムッレル画
1786年
ノルシェーピング、レフスタード城／
エステルイェートランド美術館蔵

市役所前の広場はお祝いをする市民であふれんばかりになりました。彼女は、オーストリアの偉大な祖母の名にちなんで、マリー・テレーズと命名されました。

一国の王妃として、あるいは一人の人間として不完全で欠点の多かった母マリー・アントワネットは、しかし、母としては申し分のないほどに愛情深い優しい女性でした。マリー・テレーズは母から〝モスリン〟という渾名《あだな》で呼ばれ、人々の愛情をいっぱいに浴びながら成長していきます。幼ないときから〝心優しく辛抱強い〟子供であったと、母はオーストリアの祖母への手紙の中で知らせていますが、この辛抱強さは、やがて身にふりかかって来る数々の想像を絶する不幸をくぐり抜けるうちに一層度合いを増し、ときには頑固という印象さえ周囲の人々に与えるようになったほどでした。

彼女の下には弟が二人と妹が一人生まれましたが、このうち妹は生まれて一年足らずで病死し、上の弟のルイ・ジョゼフも、一七八九年三部会が開かれているときに僅《わず》か七歳で亡《な》くなっています。

マリー・テレーズにとって最初の激動は、恐らく八九年十月五日から六日にかけての、あの恐ろしい民衆のヴェルサイユへの進撃だったでしょう。人々の怒号とがちゃがちゃ鳴る槍《やり》や包丁の響きの中を、七時間も馬車に乗せられて、なつかしいヴェルサイユを永遠に後にしてパリへ向かわねばならなかったあの日の恐怖は、しかし彼女の人生にふりかかって来る大きな苦渋の前奏曲にしかすぎませんでした。

新しく居を定めたテュイルリー宮殿から、ある夜皆で変装して逃げ出したとき、マリー・テレーズはまだ十二歳と六ヶ月にしかならない少女でした。狂暴な目つきをしてひっきりなしに怒鳴ったり、時には飛びかかって来ようとする何千何万もの民衆が、自分達一家を憎悪《ぞうお》しているのだということだけは彼女にもよくわかります。けれど、国王と王妃である父と母を、どうしてフランス国民がこれほどまでに憎むのか、彼女に教えてくれる人はいなかったでしょう。とにかく、ヴァレンヌから再びパリへ戻った後は、人々はしょっちゅう王室の人達に危害を加えようとしましたし、血なまぐさい騒ぎや大砲の音がテュイルリー宮の周りから絶えません。母マリー・アントワネットは、そのたびに恐怖の只中《ただなか》にたたされ、人々の怒号を浴び、命の危険を感じて逃げまどわねばなりませんでした。

ですから、一七九二年八月十三日に一家全員がタンプル塔に移されたとき、正直のところ、全員が惨《みじ》めさよりも安堵《あんど》の溜息《ためいき》をついたものでした。もうここでは、いつ押し入って手あたりしだいに殺戮《さつりく》を繰りひろげるかわからないような民衆から襲われることもないし、それに、この狭い塔内の部屋では、まるで平民の家庭のように王女も王子もいつも両親と一緒に居ることができて、歴史を教わったり、一緒に歌を歌った

タンプル塔での国王一家の食事風景
パリ、カルナヴァレ博物館蔵

り食事をしたりもできたのです。

死また死の累積《るいせき》

一七九二年の四月から、フランスとオーストリアは戦争状態に入っていました。今ではヨーロッパが連合してフランスを敵にまわして戦っています。国境周辺ではフランス軍が苦境に陥っているらしい様子で、マリー・テレーズにとっては、いち早く外国へ亡命した叔父や重臣たちが、何とか勝利してパリへ進撃し、自分たちを救い出しに来てくれないことかと、幾度母や叔母と一緒に望みをかけたかわかりません。

革命委員会は、戦局の不利を察すると、マリー・アントワネットの命を引き換えに講和条約を有利に結ぶために、王妃の裁判が近いことを連合軍に印象づけるため、急《きゅう》遽《きょ》彼女をタンプルからコンシェルジュリに移したのでした。ヴァランシェンヌが英国軍によって破られ、ブリュッセルではアクセル・フェルゼンがパリへ向けての進撃の準備をすすめています。けれど、引き離されてしまった母と娘は、もう手紙を交わすことも許されず、そのまま二度とこの世で会うことも叶《かな》わず別々に生きることになってしまったのでした。

一七九四年には叔母のエリザベートがマリー・テレーズから引き離されてゆきます。母も叔母も、やがてギロチンの刃《やいば》の下に斃《たお》れるのですが、何とマリー・テレーズはそのことを少しも知らされないまま、酔っ払っては罵詈《ばり》雑言《ぞうごん》を吐きかける牢獄《ろうごく》の監視人たちから酷《ひど》い扱い方をされながら、十七歳になるまでタンプル塔内に閉じ込められて暮らしていました。

その間に、外の情勢は何と変わってしまったことでしょう。ヨーロッパ中を敵にまわしてしまうことになっていたフランスは、この危機を乗り切るために、新たに三十万人の徴兵を決定しましたが、この決定は、共和国内に深刻な反乱をもたらす結果になりました。それまでにも、国民公会が、共和国憲法に宣誓することを拒否した聖職者たちを投獄したり残酷なやり方で処刑したりして、信仰の厚い地方農民たちの反感を買っており、彼らの反感はルイ十六世の処刑によって頂点に達していました。あちらこちらの地方で、人々は武装して役場に押しかけ非宣誓聖職者の解放を要求し、あるいは税の支払いを拒否して、共和国政府に対しての不満を表明していました。それが、この三十万人徴兵の決定によって一気に火がついた形になったのです。

その代表的なものが、一七九三年三月のヴァンデ地方の反乱でした。むごたらしい虐殺《ぎゃくさつ》がくり返され、同じフランス人同士が激しい憎悪をぶつけあいながら、歴史の一ページをおびただしい血で塗りこめていきます。一方、中央の政府であるパリの国民公会では、ジャコバン派によるジロンド派議員の追放や処刑が相次ぎます。続いて、同じジャコバン党員の中のダントン派の処刑……革命の頂点に立ったロベスピエールは、国民公会を粛清《しゅくせい》して、自分の立場をより確実なものにしておこうと必死でした。

この頃には、革命はすでに狂乱の相を呈しており、身分や性別、職種を問わず、少しでも反革命の疑いをかけられた者は、ろくな裁判も受けられずに次々とギロチンに送られるというような状態でした。毎日毎日、何十人あるいは百人を超える人々がぎっしりと荷馬車につめこまれて処刑台に連行されるのを見ているうちに、一般の庶民の心の中に、こうした光景に対する反発が湧《わ》き起こってきます。何しろ、処刑される人を可哀《かわい》そうがっただけでも、次は自分がギロチンに送られかねない情勢でした。

やがて国民公会の中にクーデターが起こり、ロベスピエール派は失脚してギロチンへ送られます。一七九四年テルミドールの九日に行なわれたこの政変の後、革命の様子は一新するのです。人々は殺戮《さつりく》にようやくうんざりし始めていたのでした。

〝最後の王女〟のその後

ロベスピエールの失脚は、タンプル塔に幽閉されていたマリー・テレーズの運命にも影響を及ぼします。一七九五年、ついに国民公会は、家族のすべてを失なって天涯の孤児となってしまったこの少女の幽閉を解き、親族のもとに帰すことを決定します。三年に及ぶ幽閉の後、ようやく外に出ることを許されたマリー・テレーズは、そこで初めて、母や叔母の処刑、弟の死を知らされ卒倒するのです。

母マリー・アントワネットと違い、マリー・テレーズはフランス国王の娘として生まれフランスに育った女性です。彼女は、想像を絶するような不幸にもかかわらず深くフランスを愛していました。けれど、国民公会は、彼女の釈放を政治的取り引きの手段に使おうと考えます。当時フランスと交戦状態にあったオーストリア軍に捕虜にされているフランス人とマリー・テレーズを交換しようというわけなのでした。

彼女をめぐって、従兄《いとこ》にあたるオーストリア皇帝フランツ二世や叔父のプロヴァンス伯らが、それぞれに、自分たちの利害から様々な策謀をめぐらします。今や彼女は、生き残りの王党派にとっても親族にとっても、値打ちのある存在なのでした。十月五日には、パリの王党派たちはマリー・テレーズ解放のお祝いにかこつけて蜂起《ほうき》を計画し、若い砲兵隊将校ナポレオン・ボナパルトの砲撃を受けるのです。

結局、その年の暮れに、マリー・テレーズはオーストリアに捕われの人質と交換で、オーストリアへ送られます。冷たい雨の降るクリスマスの日、国境近くのバーゼルで、彼女はフランス竜騎兵小隊に守られながら、オーストリア皇帝よりさし向けられたガーヴル公の手にその身柄を委《ゆだ》ねられたのでした。

母の故郷であるウィーンの宮廷に手渡されたマリー・テレーズは、そこで今ひとたび、母の思い出に縁《ゆかり》の深い人物と出会うことになります。スウェーデンの外交使臣としてウィーンを来訪していた、ハンス・アクセル・フォン・フェルゼンです。フェルゼンは、生涯の情熱を傾けて献身した愛する女性の面影を強く宿すこの少女の姿を認めたとき、膝《ひざ》ががくがくと震え、涙で彼女をよく見ることもできないほどでした。人生の激動期を、陰からずっと支えてくれたこの母の恩人に対して、マリー・テレーズの方からは一言も言葉をかけることは許されず、フェルゼンは、オーストリアの宮廷に滞在することも歓迎されませんでした。

さて、さまざまな思惑の中心となっていたマリー・テレーズは、とどのつまりは、従兄にあたるアングレーム公と結婚します。亡き父ルイ十六世の弟アルトア伯の息子であるアングレーム公の妃《きさき》となって十五年目、フランスは激動の大革命期の共和制の後、ナポレオンの支配による第一帝政期を経て王政復古期を迎え、一八一四年、彼女は夫とともに、二度と踏むことにはならないだろうと思っていた懐《なつか》しいフランスの地に帰ることになるのです。

彼女のもう一人の叔父であるかつてのプロヴァンス伯がルイ十八世として王位につき、一八二四年からはアルトア伯がシャルル十世としてフランス王になると同時に、その息子であるアングレーム公は王太子となります。王太子妃としてのアングレーム公の夫人マリー・テレーズは、信心深い女性でしたが大変反動的で、聖職者をあまりにも大切にしすぎて人々の人気はなかったそうですし、夫のアングレーム公の方は、リベラルな思想の持ち主ではあったのですが、大層反動的な父シャルル十世に敢《あ》えて逆らうほどではなかったということです。

結局、あまりに反動的なシャルル十世に対して、一八三〇年、七月革命が起こり、一族は再びフランス国外に亡命せざるを得なくなってしまいました。現イタリア・スロベニア国境付近のゴリツィアの僧院にシャルル十世、アングレーム公、公妃らは移り住み、そこでマリー・テレーズも没したという説もあり、或《ある》いはウィーンから南へ八キロのフロースドルフ城に、彼女が育てた甥《おい》のシャンボール伯と共に住み、そこで

アングレーム公妃となったマリー・テレーズ
アントワーヌ＝ジャン・グロ画
1816年
ヴェルサイユ宮殿美術館蔵

没したという説もあります。

八世紀以上に及ぶフランス君主制の最後の王女は、その波乱に富んだ人生の一時期にフランス史上最後の王太子の夫人となり、そして流謫《るたく》の生涯を異郷で閉じたのでした。

XI

英雄の初恋
デジレ
Bernardine Eugénie Désirée

1777-1860

デジレ（1777〜1860）
フランソワ・ジェラール画　1810年
パリ、マルモッタン・モネ美術館蔵

十八世紀のフランスが生んだ偉大な人物を挙げていこうとすると、私達は、評価の良し悪《あ》しは別として、真っ先にあのナポレオンの名を思い浮かべます。この不世出の天才的英雄の名にまつわる数々の出来事は、大革命から二百三十年余を経た後の時代に生きる我々にとっても、看過することのできない影響を及ぼしているように思われます。何よりも、彼の名の響きが想起させるロマンは、重厚なヨーロッパの芳香に満ちて、わけても男性の胸を騒がせるのではないかと想像されますが、その英雄ナポレオンの初めての婚約者が、デジレ・クラリィでした。

初めての婚約者という言い方は少し奇異に聞こえますが、実際デジレとナポレオンはとうとう結婚するに至らずに、ナポレオンは有名なジョゼフィーヌを妻にしましたから、彼らの婚約はまったく婚約のままで終わってしまったのでした。

〝運命のいたずら〟という言葉は、我々がいかに偶然との出会いによって左右されて生きているかを物語っていますが、しかし、偶然と思われるような出来事も、元を辿《たど》っていけば、数多くの必然の重なりによって起こるべくして起こったのだと納得できる場合が多々あるものです。マルセイユのような田舎町に生を享《う》けた一人の無邪気で美しい娘が、世界を震撼《しんかん》させた英雄の若き日の婚約者となり、やがてその婚約に破れることによって、つまりはスウェーデン王妃として玉座にのぼることになろうとは、デジレ自身は自分のこの人生の変遷《へんせん》を〝運命のいたずら〟と感じたでしょうか、それとも必然の帰結と思ったでしょうか、興味の尽きぬところです。

とまれ、一七八九年にヨーロッパを揺がせ、世界史上に端倪《たんげい》すべからざる影響を及ぼしたフランス大革命は、さまざまの紆余曲折《うよきょくせつ》の後に、ナポレオン自身の言葉によれば一八〇四年三月のナポレオン法典の採択によって、〝当初の諸原則に定着〟し、収束をみたということですから、この本のしめくくりにデジレ・クラリィを選び、彼女をして次の時代への橋渡しの役を担《にな》わせることは、極めて妥当な選択といえないでしょうか。

マルセイユの出会い

コルシカ生まれのナポレオン・ボナパルトが、マルセイユでデジレと知り合うには、それなりの時代的な必然性がありました。

ナポレオンが生まれたのは、フランス大革命のちょうど二十年前の一七六九年ですが、この時、コルシカ島はジェノア領からフランス領に編入されてまだやっと一年が過ぎたばかりの頃でした。ジェノアがコルシカをフランスに売却したのは、長い間のコルシカの独立闘争に悩まされた挙句《あげく》のことですから、フランス領となってからも、英雄的指導者パオリを中心とする激烈な抗争は止《や》むことがありません。

　フランス大革命のさ中に青春時代を送りながら、ナポレオンがこの革命に対して比較的冷静な傍観者であり得たのは、彼の少年時代に色濃い影響を与えた祖国コルシカの独立闘争のせいであり、本質的にはナポレオンはフランス人ではなくコルシカ人なのだということがよく言われますが、ナポレオンの一家がマルセイユへ移り住むようになったのも、まさにこのコルシカの独立闘争のあおりだったのです。独立闘争の内部抗争のおかげで、ボナパルト家が襲撃され、ナポレオンは母レティツィアや兄弟姉妹と一緒にマルセイユに亡命しなければなりませんでした。一七九三年、ナポレオン二十四歳の時のことです。

　クラリィ家は、富裕な織物商兼銀行家としてマルセイユの名門のひとつに数えられており、デジレの母方には、当時貴族階級のもっとも尖鋭《せんえい》な代表者として有名だったソミ将軍がおりました。ナポレオンの長兄のジョゼフ・ボナパルトが、このクラリィ家の長女マリー・クラリィと結婚することになり、その縁でナポレオンもクラリィ家に出入りすることになったという経緯だったのです。

　当時のナポレオンは薄給の砲兵大尉《たいい》であり、母や弟たちの生活をみるために、食う

ナポレオン・ボナパルト
(1769〜1821)
パリ、カルナヴァレ博物館蔵

や食わずの切りつめた生活を送っていた頃でしたから、クラリィ家から莫大《ばくだい》な結婚持参金が入ったのはボナパルト一家にとっては願ってもない幸運でした。しかもクラリィ氏の方では、長女マリーを結婚させはしたもののボナパルト家に資産がないために、新婚夫婦の生活の一切の面倒を見てやっていました。ナポレオンにとっては、そんな兄の生活がうらやましくてたまらなかったのでしょう、何とか兄にあやかりたいものだという下心を抱いて、クラリィ家の妹娘デジレに近づきます。

ナポレオンにとって義姉となったマリーが不器量なのに反して、デジレの方は、マルセイユ社交界の注目を集めるほどの美貌《びぼう》と優雅さに恵まれており、たちまちナポレオンの心をのぼせあがらせてしまいます。デジレの方も、十六歳という恋を夢みる年頃のこととて、二人はほどなくして相思相愛の仲となるのですが、経済的負担を負っているクラリィ家の方では、「ボナパルト家の男は一人でたくさんだ」と言って、ナポレオンの結婚申し込みをにべもなく拒絶します。デジレの両親の反対にもかかわらず二人の恋心は燃えあがる一方で、やがて当人同士で結婚の約束を交わしてしまうに至りました。

その直後、トゥーロン軍港に反革命の旗があがり、ナポレオンはパリの革命政府から砲兵隊長に任命されてトゥーロンを奪回するべく彼《か》の地へおもむくことになります。このトゥーロンでの戦勝によってナポレオンは、あの堂々たる栄光への道の第一歩を記すことになるのですが、それは皮肉なことに、愛しあう若い二人の男女の確執の第一歩ともなってしまいました。

トゥーロン奪回の殊勲によって一躍少将に昇進したナポレオンは、パリに乗り込み、そこでの政治的な駆け引きに明け暮れるようになります。折しもパリは大革命後の恐怖政治のただ中にあり、やがて起こるテルミドールの政変やヴァンデミエールの反乱が、徐々に若き将軍ナポレオンを歴史の表舞台へ誘い出してゆくことになるのです。

そんなナポレオンを待ち続ける温良なデジレにとっては、毎日がどれほどの不安と焦燥の日々だったことでしょう。マルセイユを後にする時に、あれほど熱烈な変わらぬ愛を誓いあったのに、燃えるようなデジレのラヴ・レターに対してナポレオンの反応は冷淡になって行くばかり。そしてデジレの耳に聞こえてくるのは、ナポレオンがパリの社交界に出入りして、きらびやかな貴婦人たちと危うげなランデヴーを楽しんでいるとの噂《うわさ》ばかりです。

事実、その頃のナポレオンは、妖艶《ようえん》をもってきこえたタリアン夫人や、財産家のペルモン未亡人などに熱をあげ、洗練されたパリの女たちの素晴しさに目がくらんで、遠くで自分の帰りを待つ純情な婚約者を女性として物足りなく感じ始めていました。

「あなたは、有名なタリアン夫人とブーローニュの森をよく散歩なさるそうですけれど、どうかデジレと二人で河岸を散歩した時の思い出を汚さないで下さい」と、切々と怨《うら》みごとを書き送るデジレの想《おも》いも空《むな》しく、やがてナポレオンは、総裁バラスの愛人であるボーアルネ子爵《ししゃく》未亡人ジョゼフィーヌへの狂うような恋慕のとりことなり、一七九六年に彼女と正式に結婚してしまいます。あまつさえ、この結婚によって彼は、長い間熱望してきたイタリア遠征軍総司令官の地位まで得て今や有頂天です。

大きな打撃と絶望にうち砕かれて、デジレはナポレオンに別れの手紙を書きます。
「結婚なすったそうですね。あなたに捧《ささ》げようと思った私の生涯は、これで終わりです。……私にはもう、生き続ける力はありません。……せめて幸福に暮らして下さいね。私が幸福にしてあげるつもりだったのだけれど……」

転がりこんだ王妃の座

失意のうちにナポレオンとの愛を諦《あきら》めたデジレも、やがて二年の後にはもう一人の素晴しい将軍を愛するようになります。シャルル・ベルナドット、後のスウェーデン国王シャルル十四世です。

ベルナドット将軍は、当時ナポレオンには敵対する立場にありましたが、一般民衆の人気は高く、ナポレオンの野望を失墜させかねないほどでした。それ故《ゆえ》にナポレオンとしては、彼と協調し彼を自分の味方につける必要を感じていました。ナポレオンの兄ジョゼフと弟リュシアンは、その目的のためにジョゼフの義妹であるデジレの美貌を利用しようと考えついたのです。ベルナドット将軍は、この二人の巧みな誘いによって、しばしばジョゼフの屋敷を訪れることになり、そこでその頃姉夫婦と同居していたデジレと会ううちに、次第に彼女の魅力に捉《とら》えられてゆきました。やがてデジレの方でもナポレオンを失なった痛手から立ち直って、誠実でもの静かなベルナドットを愛し始めるようになり、結婚を決意するに至ります。ジョゼフの仲介でデジレの母親（その頃父親はすでに他界していました）の承諾を得て、一七九八年八月十六日に二人の結婚式は挙げられました。

こうしてナポレオンの兄ジョゼフと義兄弟になったベルナドット将軍は、ナポレオンの麾下《きか》に入って数々の戦闘に参加し、ナポレオン帝国の栄光に力を貸すことになるのです。またナポレオンの方でも、デジレへの贖罪《しょくざい》の意味あいもあってか、昔の恋人の夫たるベルナドットには特別な恩寵《おんちょう》と栄誉を与えました。二人に男の子が生まれた時も、ナポレオンはみずから代父となり、当時の彼の愛読書『オシアンの詩篇』にちなんで、オスカルの名を与えているほどです。

やがて、デジレの昔の婚約者、あの貧しい砲兵大尉にすぎなかったナポレオンは、次々と政敵を打ちくじき戦闘に次ぐ戦闘に勝利を重ねて、ついにはフランス皇帝の座にまでのぼりつめてしまいます。

ナポレオンの栄達にともなって、当然、彼の兄弟、一族も思いもかけなかった栄誉に浸ることになるのですが、そうなると、今度はデジレの心の中に、もやもやとした不満が芽生え始めます。ナポレオンが兄ジョゼフをスペイン王に封じたので、デジレの姉マリーはスペイン王妃になったのですが、この姉の身分にくらべて、ポンテ・コルボ公妃という地位こそ得たものの、デジレは自分が惨めな存在であることを意識せざるを得ませんでした。

たとえば、一八〇六年のイエナの戦闘で、ベルナドット将軍の作戦の失敗からあわやフランス軍が敗走しそうになった時、ナポレオンは激怒してベルナドットを軍法会議にかけようとしました。これは、死刑になることを意味しています。デジレは、夫のためにナポレオンの前にひざまずき涙を流して懸命にとりなさねばなりませんでした。昔、ナポレオンが父クラリィ氏にデジレとの結婚を申し込んだ時、父が拒否さえしなければ、テュイルリー宮にご機嫌伺いに伺候《しこう》する身分なんかではなく、皇后として玉座に坐《すわ》っていられる筈《はず》だったのに……運命の不可思議さ、皮肉さをデジレは思わずにいられませんでした。

そんな苦い思いをかみしめていた頃、スウェーデンに王位継承者が絶え、一八一〇年、デジレの夫ベルナドットがスウェーデン議会の選挙によって国王としての指名を受けたのです。これは、ナポレオン麾下の将軍を国王に戴《いただ》けばスウェーデンの安全が保証されるだろうとの議会の思惑によるものでした。

この報告を受けたときのデジレの胸中は、激しい狼狽《ろうばい》におののくばかりです。

スウェーデン王妃の地位！

すでにスペイン王妃となっていた姉に対して遜色《そんしょく》なく対峙《たいじ》できる地位に、とうとうのぼる日が来たのではないか。フランス皇后の座を逸した自分にしてみれば決して過ぎたる地位でもないはずだ。けれど、あの北国の厳しい気候の中で、果たして自分が暮らしていくことなどできるのだろうか。この長いこと住み慣れた華やかなパリと較べてストックホルムはどんな街なのだろう。あちらでもパリと同じ社交の楽しみや刺激に満ちた暮らしはあるのかしら……。

デジレは、善良で温厚な性格の持ち主ではありましたが、そのかわりどこといって抜きんでた資質もみられない、極《ご》く平凡な女性でしたから、王妃になるという事と、一国の国民の上に君臨するという事とを結びつけては考えられないたちのようでした。彼女は、一貫して自分の身の上だけに執着し、視野を広くして普遍的にものを見るという姿勢に欠けるところが大きかったのではないかと思われています。もしナポレオンが彼女を妻としていたら、おそらくは天分を発揮せず小成に甘んじて生涯を終えたのではないかと見る史家も少なくはありませんし、後年、ベルナドットがスウェーデン国王となってナポレオンと敵対しはじめてからの、デジレの生き方に対しての歴史

スウェーデン王妃デジレ（左）と王シャルル14世（1763〜1844）
2点ともストックホルム、スウェーデン国立美術館蔵

スウェーデン王妃の地位にのぼったのではないということでしょうか。の評価はおおむね低いものです。そうしてみると、彼女は決して歴史的必然によって

過ぎ去ってゆく激動の時代

いずれにせよ、デジレの夫ベルナドットはスウェーデン議会の申し入れを承諾してただちにスウェーデンに向けて発《た》ちます。逡巡《しゅんじゅん》のうちに、デジレも間もなく息子オスカルを連れて合流することになりました。そして北国の王宮で、デジレはおそれていた通りのさまざまな難問に直面することになるのです。

彼女は、自分を異邦の地に溶け込ませることなど考えたこともなく、ただパリの生活を懐しみパリ式の生活様式を持ち込むことに急だったあまり、古いスウェーデンの宮廷のしきたりを一切無視し、そのために宮廷人たちの反感を買うことになってしまいました。やがて、その反感は深刻な対立にまで発展し、ベルナドットは、ついに妻を一時パリに帰さねばならなくなってしまいます。

パリで、ようやくデジレは生き返ったような心地がするのですが、そのあたりから、かつての恋人ナポレオンの凋落《ちょうらく》が始まりかけていました。ロシアへの遠征に失敗し、

多くの兵を失なってフランスへ帰ってきたナポレオンは、今度は征服者ではなく追われる立場にある自分を見出《みいだ》しますが、そのナポレオンに対してベルナドットは、ロシア、オーストリア、プロシャの同盟軍に加担して攻撃を開始するのです。

かつての婚約者であり、現在の夫をとりたててくれた人物がその栄光から追われゆくのを眼《ま》のあたりにしながら、彼女はどんな思いに身を委ねたのでしょうか。ナポレオンのために夫を諫止《かんし》しようとしなかった事だけは間違いのない事実であり、それ故に彼女は後世の史家たちの低い評価に甘んじなければなりませんでした。けれど、女性として持って生まれたデジレの平凡な資質を思えば、歴史の評価の矢面にたたされてしまった事自体が、彼女にとって大そう苛酷《かこく》だったと言わざるを得ません。

後年の彼女の生活は、彼女の平凡さにふさわしいものでした。ナポレオン帝政が崩壊し、王政復古の時代になると、デジレは息子オスカルをドイツ王女ジョゼフィーヌと婚約させて、シャルル十四世となった夫ベルナドットのもとに帰り、スウェーデンで王妃として穏やかな平和な生活を送り、一八六〇年、八十三歳の生涯を閉じました。

激動の時代ははるか彼方《かなた》へ去ったと思わせてはまた波のように押し返され、フランスの、そしてヨーロッパの上を〝近世〟がうめきをあげるように脱皮してゆくのを静かにながめながら、彼女は、マルセイユでの若きナポレオンとの日々を回顧してでもいたのでしょうか。亡《な》くなったとき、デジレの枕《まくら》の下からは、かつてナポレオンに書き送った恋文の草稿が幾通も発見されたとのことです。

単行本あとがき

2022年は、私が『ベルサイユのばら』を少女漫画誌に発表してから五十年の節目に当たります。そして、この『フランス革命の女たち』を、「とんぼの本」シリーズの一つとして新潮社から出させて頂いて、おおよそ三十五年の歳月が過ぎました。

今でこそ日本の漫画は、「世界に誇る文化」として、その地位を確立していますが、半世紀前には、これほどに長く読者の方々の支持を得られる漫画作品として成長するなどということは、想像もつきませんでした。

五十年近くがたった今でも、強烈な思い出としてはっきり覚えていることがあります。初めて、『ベルサイユのばら』の作者たる私を取材に見えた男性の新聞記者から、開口一番に告げられたセリフです。

「自分は少女漫画なんて読んだこともないけれど、これも仕事だから仕方なく来た次第です」

当時はそれが、日本の漫画が置かれていた社会的地位でした。

私達にとっての「神様」ともいえる、かの手塚治《おさむ》虫先生から、その頃言葉を掛けて頂きました。

「君ね、これからあれこれとマスコミから叩《たた》かれるだろうけど、めげちゃ駄目だよ。僕の作品でも、読むのを禁止されて、子供たちから取り上げられ校庭の真ん中で燃やされたことがあるんだよ」

あれからおよそ半世紀、漫画が、「子供たちにとっての害悪」と糾弾され、批判の矢面に立たされた時代を思い出すと、まさに隔世の感があり、しみじみとした感慨が湧《わ》いて来ます。ビジュアル文化よりも活字文化の方を高級とする価値観は、いまだ揺るぎないものがありますが、それでも、ヨーロッパの先進国などでは、いち早く漫画の持つ可能性を認め、この、新しく台頭してきた文化のツールを国のレベルで保護し育てて行こうとする動きが見られました。

残念なのは、今でも年配の方から「『ベルサイユのばら』は、漫画なんかではなく、もはや文学です」と言われることがあることです。

多分それは、その方なりのお褒めの言葉なのでしょうけれど、私は「いいえ、あれは漫画なんですよ」とお返しすることにしています。

あの頃の嬉《うれ》しい思い出として、今でも強烈に残っているのは、当時まだ皇太子妃でいらした美智子《みちこ》上皇后さまにはじめて御目文字した時のことです。「今日あなたにお会いすると申しましたら、紀宮《のりのみや》がそれは羨《うらや》ましがっておりました」と言って下さったのです。

「ああ、漫画を読むことを禁止してはいらっしゃらないのだな」と、驚きと共に、その時の情景やお顔の表情まで、私の記憶に強く焼きつけられました。

前置きはこのくらいにして、『フランス革命の女たち』に話を戻しましょう。

今手元にある本を読み返してみて感じることは、私が如何《いか》に当時の女性たちが置かれていた社会的不平等に、激しい怒りを抱いていたかと言うことです。

如何に、進歩的と言われる革命家の男性たちが、女性の社会進出を恐れ、憎み、知性を持ち目覚めた女性たちを家庭に押し込めようとやっきになっていたことか。最後には、そういう女性たちをギロチンの刃《やいば》の下に送り込んだのですから、いまから思えば滅茶苦茶《めちゃくちゃ》な話です。

『ベルサイユのばら』を描いた時には、そういう革命家の男性たちの女性蔑視《べっし》にまで思いをいたすページ数の余裕もありませんでした。この『フランス革命の女たち』で、私は漸《ようや》く、フランス大革命の持つ負の一面、言い換えれば未熟な一面について、存分に描くことが出来ました。

その直接的なきっかけとなったのは、専修大学が誇る「ミシェル・ベルンシュタイン文庫」を見せて頂いたことでした〔215ページ注1参照〕。恐らく専修大学の記念行事で、フランス革命についての講演をさせて頂いた時のことだと思います。

講演終了後に案内していただいた図書館の、ミシェル・ベルンシュタイン文庫に収蔵されている夥《おびただ》しいフランス革命時代の資料中の、「人権宣言」を実際に目《ま》の当たりにして、私は、後頭部を何かで打たれたかのような衝撃を受けました。勿論《もちろん》、『ベルサイユのばら』本文においても、「人権宣言」については「はなはだ不十分ではあったにせよ」と触れてはいますが、「人間と市民の権利の宣言」と訳される“Déclaration des Droits de l'Homme et du Citoyen”について、それが“Homme”(男性)と“Citoyen”(男性市民)となっていることに、さほどの違和感を抱くこともなく、「人権宣言」を「人類史上不朽の記念碑」として評価していました。

ミシェル・ベルンシュタイン文庫で目の当たりにしたフランス語の「人権宣言」は、明らかに「男性」と「男性市民」(それも白人男性)のための人権宣言であり、ここで謳《うた》われている「人権」の中には、「女性」や「有色人種」などの人権は含まれていないのだということが、はっきりとした現実感をもって認識されたのです(もちろん、西洋言語のもつジェンダーの区別については、私達は特別な考慮をいたさねばなりません。たとえば、後年学習したイタリア語などは、男性と女性が混ざっている複数形は、みな男性形になります）。

現実の資料の持つ大いなる力に、私は打ちのめされたような衝撃を覚え、それ以降、たとえば「ナポレオン」の生涯をたどる時などは、出来る限り渡航して実際に彼がたどった道を行き、彼が暮らした家を見、彼が所属した連隊内部を見せてもらったりという努力をするようになりました。

ミシェル・ベルンシュタインが四十年の歳月をかけて収集した膨大な資料を、あの日私に見せて下さった専修大学に、今でも大いなる感謝の気持ちを忘れることはありません。あの日がなかったら、この『フランス革命の女たち』も、生まれていなかったかも知れないのです。

資料ということに関してもう少し触れさせて頂ければ、実は、引っ越し魔である私は、夥しい資料の山を引っ越しのたびに一緒に移動させていましたが、ある年齢から、いわゆる「断捨離」の生活に入りました。一軒の家では収まりきらず、所有していた別荘にも壁一面に本を収蔵していたのですが、その別荘も手放し、現在は、終《つい》の棲家《すみか》と決めたここ熱海《あたみ》に移って来る時、ほとんどすべてと言っていいほどの資料の山を思い切って整理してしまいました。

これからは全《すべ》てのことは自分の頭の中、思い出の中だけにしまって生きようと決めてしまったので、この度の改訂版のために、読者の皆さんに示すべき資料というのが残っていません。フランス大革命の登場人物たちに関する新資料は、この半世紀の間に、たとえば、マリー・アントワネットとその母マリア・テレジアとの間の往復書簡や、ハンス・アクセル・フォン・フェルゼンの日記など、次々に発行されているものがありますので、是非目を通していただけることを願っております。

また、私が『ベルサイユのばら』や『フランス革命の女たち』を書くに際しては、本ばかりではなく、高名な歴史学者でいらっしゃった井上幸治先生に、幾度か電話でご助言を仰ぎました。この革命の持つ別な側面について、貴重な見方を教えて頂いたことを、今でも心から感謝申し上げています。

さて、私が大げさともいえるほどの激しい怒りを抱いて『フランス革命の女たち』を書き上げてから三十五年、そしてあのフランス大革命からそろそろ二百三十年余が経《た》とうとしている現在、社会の中で女性、就中《なかんずく》日本の女性たちが置かれている現実の方はどうでしょう。

経済や政治の舞台で占める女性の割合は、世界百四十六ヶ国中いまだ百二十五位［215ページ注2参照］というお粗末な有様です。保守派の偉い国会議員の中には「クオータ制」のクオータを「クォーター」と勘違いしている御仁もしばしば見かけます。一国の総理経験者が「子供を一人も産まないような女に、税金で老後を見てやる必要はない」とのたまったり、高名な作家が「子供が産める年齢を過ぎた女は、存在していることそのものが罪だ」などと、平気で仰《おつしや》るのが、日本の現状です。少子化問題を解決するために「子供を産め」と奨励しながら、「保育所に小さな子供を預けて働くなど、言語道断」と責められなくてはならないのが、少し前までの（たぶん地方においては今なお）女性が置かれた現実でした。

そういう意味において、この『フランス革命の女たち』の時代は、残念なことに、日本の女性たちにとってそれほど違和感も隔絶感もなく、むしろデジャ・ヴ感を抱かされる場面も多いのではないでしょうか。「へぇー、こんなひどい時代があったのか」と、日本の女性たちがこの本を読んで笑えるような時代が、いつかやって来ることを、私は心から願っています。

二〇二一年四月

池田理代子

［注１］
フランスの古書籍商ミシェル・ベルンシュタイン氏蔵による、フランス革命期のコレクション。フランス革命期に実際に印刷されたり手で記録された資料で、質・量ともにフランスの国立図書館に次ぐものと言われている。専修大学が創立百年記念事業として買い上げたものである。

［注２］
世界経済フォーラム（ＷＥＦ）が２０２３年6月21日に発表した「ジェンダーギャップ指数２０２３」による。この指数は政治、経済、教育、健康の４分野で各国の男女格差を指数化して比較するもの。

関連年表

1715		ルイ十五世即位
1748		モンテスキュー『法の精神』を著す
1774		ルイ十六世即位
1789	5・5	三部会開会（ヴェルサイユ）
	6・17	三部会の第三身分議員が国民議会を宣言
	6・20	国民議会の議員によるテニスコート（ジュー・ド・ポーム）の誓い
	7・14	午前　パリ民衆が廃兵院を襲撃　武器弾薬を奪う 午後　バスティーユ要塞を攻撃 その後地方都市に革命波及
	8・4	立憲議会　封建制廃止を決議
	8・26	議会が人権宣言を採択
	9・12	マラー『人民の友』紙発刊
	10・5	主婦を中心とするパリ群衆と国民衛兵がヴェルサイユ行進

エオン・ド・ボーモン　1728–1810
ジョフラン夫人　1699–1777
デュ・バリー夫人　1743–1793.12.8
ヴィジェ＝ルブラン夫人　1755–1842
マリー・アントワネット　1755–1793.10.16
ロラン夫人　1754–1793.11.8

	10・6	国王パリに到着　国王と議会はテュイルリー宮に入る
	10	ジャコバン・クラブ（憲法友の会）創設
1791	6・20	ヴァレンヌ事件（国王一家の逃亡　翌日ヴァレンヌで逮捕）
	8・27	ピルニッツ宣言（オーストリア王とプロイセン王が革命干渉を表明）
1792	3・23	ジロンド派内閣成立
	6・8	議会　二万人の義勇兵からなるパリ連盟兵結成を決定
	7・30	マルセイユ連盟兵　パリ到着
	8・10	パリ民衆と連盟兵　テュイルリー宮を攻撃　夜　議会が国王の権利停止を宣言　普通選挙による国民公会召集を決定
		封建的諸権利無償廃止の法令が布告される
1793	1・21	ルイ十六世処刑さる
	3・10	革命裁判所創設
		ヴァンデの暴動

テロアーニュ・ド・メリクール　1762–1817

シャルロット・コルデー　1768–1793.7.17

リュシル・デムーラン　1771–1794.4.5

マリー・テレーズ・ド・フランス　1778–1851

デジレ　1777–1860

1793	4・6	公安委員会創設さる
	6・2	人民軍　議場を包囲
		公会はジロンド派議員29名の逮捕を決定
		ジロンド派没落
	7・13	マラー暗殺さる
	10・10	公会「フランス政府は平和が到来するまで革命的である」と宣言
		恐怖政治の体制が完成
	10・16	マリー・アントワネット処刑さる
	12	革命軍　トゥーロンの反革命蜂起を攻撃
		砲兵大尉ナポレオン・ボナパルト参加
1794	4・5	ダントン、デムーランら処刑さる
	7・27	テルミドール（熱月）九日のクーデター
		公会がロベスピエール、サンジュストらの非難決議
	7・28	ロベスピエールと同派22名の逮捕および処刑
1795	5・31	革命裁判所廃止
	10・26	国民公会解散　総裁政府成立

デュ・バリー夫人　1743–1793.12.8

マリー・アントワネット　1755–1793.10.16

ロラン夫人　1754–1793.11.8

シャルロット・コルデー　1768–1793.7.17

リュシル・デムーラン　1771–1794.4.5

1799	11・9	ブリュメール（霧月）十八日のクーデター 議場 サン・クルーに移転 ナポレオン パリ軍事指揮官に任命さる 総裁政府解体
1804	12	ナポレオン 皇帝となる

エオン・ド・ボーモン 1728–1810

ヴィジェ＝ルブラン夫人 1755–1842

テロアーニュ・ド・メリクール 1762–1817

マリー・テレーズ・ド・フランス 1778–1851

デジレ 1777–1860

解説

鹿島茂

「芸術新潮」二〇二二年九月号で『ベルサイユのばら』の特集をするので、マリー・アントワネットの周辺人物とくに悪役について書いてほしいという原稿依頼を受けたことがあります。そこで、プロヴァンス伯（後のルイ十八世）とオルレアン公のどちらにするかしばらく考えたあげく、エピソードの多い後者を選びましたが、そのとき『ベルサイユのばら』の細部を歴史的な観点からかなり厳しくチェックしてみることにしたのです。

少なくともオルレアン公にかんしては考証的におかしなところはひとつもありませんでした。というよりも、おかしなところがあるのはむしろ私の原稿のほうだと校閲に指摘されました。このオルレアン公の例から察するに『ベルサイユのばら』は考証的にほぼ完璧《かんぺき》であると言ってもさしつかえないと思います。

ところで、こうしたチェックを行ったときに、池田さんの方法論的な秘密に触れたように感じたことがありましたので、そのことについて書いてみたいと思います。

一般に、歴史フィクションに臨むとき、作者は「わかっていること」と「わかっていないこと」をはっきりと分けます。この点、歴史家も同じですが、歴史家は「わかっていること」を少しでも拡大することが仕事で、「わかっていないこと」については禁欲的であることを余儀なくされ、勝手に想像をたくましくすることは許されません。

いっぽう、歴史小説家や漫画家などにとっては、「わかっていないこと」のフィールドこそが勝負ですが、想像はあくまで「わかっていること」を基礎としなければなりません。

とはいえ、作者によりそこからの態度は二つに分かれます。

一つは「わかっていること」と「わかっていること」の間の部分の「わかっていないこと」に想像力を集中するタイプです。たとえば、歴史上の人物のキャリアの中には「わかっていないこと」が多く含まれますから、その部分を前後の「わかっていること」から想像するのです。これは学術用語ではインターポレーション（内挿法）といいます。歴史小説家でいったら司馬遼太郎さんはこのインターポレーション系の作家です。

もう一つ、「わかっていること」の外側の部分に想像力を向ける方法があります。

具体的にいうと、「わかっていること」が二つあるならば、その二つの間に存在する比例関係を割り出しておいてから、その比例関係を「わかっていない」二つの部分にも適用することとです。学術用語では、これはエクストラポレーション（外挿法）と呼ばれます。歴史小説家では、山田風太郎さんがこの方法の妙手です。

さて、話を戻すと、『ベルサイユのばら』においては、この二つの方法のどちらもがじつに融通無碍《ゆうずうむげ》に使われています。読者が、あたかも『ベルサイユのばら』という「現実」が存在したかのような印象を受けるのはそのためで、オスカルの実在性はマリー・アントワネットのそれとほとんど等価に感じられるのです。

では、以上のような池田さんの方法的な特徴を頭に入れたうえで、『フランス革命の女たち　激動の時代を生きた11人の物語』（以下、『フランス革命の女たち』と略す）を繙《ひもと》くと、どのようなことがいえるのでしょうか？

まず確認できるのは、ここで用いられているのは、インターポレーションでもエクストラポレーションでもなく、「わかっていること」だけを繋《つな》ぎ、「わかっていないこと」については禁欲を貫くという歴史学の方法だということです。「わかっていないこと」を想像力で補うというフィクションの方法は禁じられているのです。

しからば、そうした歴史学特有の方法というのはどのようなところにあらわれているのでしょうか？

以下、具体的に示してみましょう。

①「取り扱う時代を限定すること」

『フランス革命の女たち』は十八世紀の機械的区分（一七〇一年から一八〇〇年）ではなく、実体的区分である一七一五年のルイ十四世の死（より正確にいえば七年戦争＝一七五六－一七六三）からナポレオンが退位する一八一五年までの期間を対象にしています。なぜこうした限定が必要かといえば、それは、時代が限定されれば、「わかっていること」と「わかっていないこと」の区別がつきやすくなるからです。

フランス革命の遠因は、ルイ十四世時代の戦争と七年戦争の結果、いったん減少した国家債務が再び増大したことにあるので、この限定は的を射ていると思います。

その限定された時代の始まりを示すのが、女装の外交特使エオン・ド・ボーモンの章です。エオン・ド・ボーモンは七年戦争前後にルイ十五世の秘密外交を担い、一八一〇年に亡命の地ロンドンで没した人物ですから、本書のトップ・バッターとしてはまことにふさわしい「女性」といえます。

また最後に登場するデジレはナポレオンの婚約者でありながら、そのライバルであり部下でもあったベルナドット将軍の妻となり、ベルナドットがスウェーデン国王となったのに伴ってスウェーデン王妃となり、ナポレオンの失墜を見届けたという意味において、まさに実体的十八世紀の掉尾《ちょうび》を飾るにふさわしい女性です。

②「対象とするテーマを限定する」

『フランス革命の女たち』のメインのテーマは「フランス革命にかかわりをもった女性たち」ですが、「かかわり」の濃淡はそれぞれの人物で異なっています。濃いほうからいうと、デュ・バリー夫人、マリー・アントワネット、ロラン夫人、シャルロット・コルデー、リュシル・デムーランは実際にギロチンにかけられて命を失っていますから、直接的にフランス革命に関与した女性です。また、マリー＝テレーズ・ド・フランスはギロチンにこそかけられませんでしたが母のマリー・アントワネットをギロチンで失っていますから、濃いかかわりの女性といえます。

これに対し、ジョフラン夫人とヴィジェ＝ルブラン夫人、テロアーニュ・ド・メリクール、それにさきほど挙げたエオン・ド・ボーモンとデジレも直接的というよりも間接的な関与にとどまります。

では、後者の女性たちは「フランス革命の女たち」といえないのかというと決してそうではありません。むしろ、直接かかわらないことによってタイトルの意味を強めています。

その理由となるのが以下にあげる③です。

③「タイトルが意味するよりも内容は深いものでなければならない」

それでは、タイトルよりも深い意味とはなんなのでしょうか？

それは、フランス革命にはさまざまなかたちで女性が関与していたようには見えるけれど、実際には、革命は「男性による、男性のための、男性の革命」にすぎず、女性は原則的、革命主体としては排除されていたという事実があったことへの考察です。いいかえると、深い意味での本当のタイトルは『フランス革命に関与しようとしたが排除されてしまった女たち』であるべきことです。

というわけで、この解説の最後に、深い意味での本当のタイトルのよってきたるところ、つまりフランス革命ではなにゆえに女性たちが排除されていたのかという点について考えてみたいと思います。

私の直感では、女性排除の原因は、革命の本体となったパリ盆地の市民たちの家族類型にあります。ちなみに、家族類型というのは、家族人類学者のエマニュエル・トッドが『世界の多様性』から『家族システムの起源　Ⅰ ユーラシア』に至る著作で展開した家族分類を指しています。

すなわち、トッドは家族を親世帯と、結婚した子世帯が同居するか否かを縦軸とし、兄弟が遺産相続において平等か否かを横軸とするマトリックス（２×２の４象限）をつくり、ヨーロッパは次の四種類の家族類型からなっているとしたのです。
①平等主義核家族。結婚した子供と親は別居し、遺産相続において兄弟は平等。地域はフランス・パリ盆地、スペイン東・南部、ポルトガル南部、イタリア南部、ポーランド、ルーマニア。親子別居に由来する「自由」と兄弟平等に由来する「平等」を理念とする。
②絶対核家族。結婚した子供と親は別居し、遺産相続において兄弟は不平等。遺産相続は親の遺言に基づく。イングランド、デンマーク、オランダ、合衆国、オーストラリア、ニュージーランド。親子別居に由来する「自由」と兄弟不平等に由来する「競争」が理念。
③直系家族。結婚した一人の子供（多くは長男）と親世帯は同居し、遺産相続においては一人の息子（多くは長男）が優先される。地域はドイツ、オーストリア、チェコ、南仏と北仏、スペイン北西部、ポルトガル北部。それに日本と韓国、北朝鮮。親子同居に由来する「権威主義」と遺産相続不平等に由来する「不平等」を理念とする。

④共同体家族。結婚した複数の息子夫婦と親世代は同居し、遺産相続においては兄弟平等。地域はロシア、ハンガリー、ユーゴ、イタリア・トスカナ地方、中国。親子同居から来る「権威主義」と兄弟平等に由来する「平等」が理念となる。

さて、問題はフランス革命と縁の深いパリ盆地民衆の家族類型である平等主義核家族です。というのも、トッドによればフランス革命はまさしくこの地域の民衆の家族類型である平等主義核家族に由来する「自由」と「平等」によってもたらされたものだからです。革命は、王族と貴族の家族類型である直系家族的理念である「権威」と「不平等」を、「自由」と「平等」によって打倒することによって成立したとされます。

ここでいよいよ、本書の中心課題であるフランス革命における女性の排除の問題に戻ります。

ひとことでいうと、その根本原因は、「自由」ではなく、「平等」にあります。なぜなら、パリ盆地の「平等」は、平等主義核家族における「兄弟」の間の遺産相続の平等に起因しているからです。いいかえると、姉妹たちが家族において遺産相続から排除されたのと同じ原理で、女性たちが社会において平等から排除されることになったからです。平等主義核家族は、兄弟平等である分、姉妹には不平等であり、その家族類型を基盤とする社会は男性には平等を確保する分、女性には不平等を強いることになったからです。

これと対比的なのがイングランドに特徴的な絶対核家族です。絶対核家族は、遺産相続において兄弟は不平等ですが、その分、姉妹にとってはその不平等の度合いが弱まっています。また、日本やドイツに特有の直系家族においても兄弟の不平等ゆえに、姉妹の地位は逆に高く、社会における女性の地位もそれに応じて高いのです。イングランドに女王が、またオーストリアに女帝が存在しても、フランスには女王が皆無なのはまさにこの差異を原因としているのです。

「地球規模で見れば一般的に十分に高い女性の地位を示す核家族タイプの中でも、兄弟の対称性［平等性］を重視する相続モデル［平等主義核家族］は、女性の地位を幾分低く設定するものとなる。反対に、非平等主義的な相続［絶対核家族］の理想はより高い女性の地位を生み出す」（エマニュエル・トッド『世界の多様性』三百五十七ページ）

ことほどさように、池田さんが自由と平等に基づくフランス革命を肯定しながら、どうしても肯定できないものとして「革命からの女性の不平等主義的排除」を挙げているのはすべてフランス・パリ盆地の平等主義核家族に起因していたのです。

というわけで、ここに至って、『ベルサイユのばら』と『栄光のナポレオン　エロイカ』の作者である池田さんがあえて本書を執筆し、三十五年後の再刊にあたって

「単行本あとがき」で革命における女性の不平等的な排除に再度言及されていること
の「深い意味」があきらかになったのではないでしょうか？

追記として最後にひとこと。

池田さんが直感したように、フランスは平等主義核家族という家族類型ゆえに長いこと、極端にいえば一九八〇年代まで女性に対して非平等主義的な社会でした。ところが、ミッテラン政権の誕生を境にして大きな変化があらわれたのです。「平等」が兄弟ばかりか姉妹にも適用されるようになり、女性も法律上のみならず、現実にも（つまり社会的にも）平等の権利にあずかれるようになり、年を追うごとに男女の完全平等が実現していったのです。

いっぽう、一九八〇年代までは直系家族特有の歪《ゆが》んだかたちでの女性の地位の高さというものがあった日本では、その後は男女間の平等がいっこうに実現せず、むしろ後戻りしてしまっているというほかありません。

この意味では、池田さんも嘆かれているように、日本においては、いまこそ「革命の女たち」の出現が強く要請されているのです。


（令和五年十二月、フランス文学者・文芸評論家）

この作品は、昭和六十年五月『フランス革命の女たち』（とんぼの本）として刊行された原著に改訂・再構成を行い、令和三年七月新潮社より『フランス革命の女たち〈新版〉激動の時代を生きた11人の物語』と改題し、刊行されたものの文庫化です。

遠藤周作著
王妃 マリー・アントワネット（上・下）
苛酷な運命の中で、愛と優雅さを失うまいとする悲劇の王妃。激動のフランス革命を背景に、多彩な人物が織りなす華麗な歴史ロマン。

霧島兵庫著
二人のクラウゼヴィッツ
名著『戦争論』はこうして誕生した！　戦争について思索した軍人と、それを受け止めた聡明な妻。その軽妙な会話を交えて描く小説。

吉川トリコ著
マリー・アントワネットの日記（Rose/Bleu）
男ウケ？　モテ？　何それ美味しいの？　時代も国も身分も違う彼女に、共感が止まらない！　世界中から嫌われた王妃の真実の声。

永井荷風著
ふらんす物語
二十世紀初頭のフランスに渡った、若き荷風の西洋体験を綴った小品集。独特な視野から西洋文化の伝統と風土の調和を看破している。

ランボー・コクトー著
ジッドほか
芳川泰久・森井良訳
中島万紀子・朝吹三吉
特別な友情
―フランスBL小説セレクション―
高貴な僕らは神の目を盗み、今夜、寄宿舎の暗がりで結ばれる。フランス文学を彩る美少年達が、耽美の園へあなたを誘う小説集。

カミュ・サルトル他
佐藤朔訳
革命か反抗か
人間はいかにして「歴史を生きる」ことができるか――鋭く対立するサルトルとカミュの間にたたかわされた、存在の根本に迫る論争。

カミュ
宮崎嶺雄訳
ペスト
ペストに襲われ孤立した町の中で悪疫と戦う市民たちの姿を描いて、あらゆる人生の悪に立ち向うための連帯感の確立を追う代表作。

カミュ
高畠正明訳
幸福な死
平凡な青年メルソーは、富裕な身体障害者の"時間は金で購われる"という主張に従い、彼を殺し金を奪う。『異邦人』誕生の秘密を解く作品。

カミュ
大久保敏彦訳
最初の人間
突然の交通事故で世を去ったカミュ。事故現場には未完の自伝的小説が——。戦後最年少でノーベル文学賞を受賞した天才作家の遺作。

S・モーム
金原瑞人訳
ジゴロとジゴレット
―モーム傑作選―
『月と六ペンス』のモームは短篇の名手でもあった！ ヨーロッパを舞台とした短篇八篇を収録。大人の嗜みの極致ともいえる味わい。

S・モーム
金原瑞人訳
月と六ペンス
ロンドンでの安定した仕事、温かな家庭。すべてを捨て、パリへ旅立った男が挑んだものとは——。歴史的大ベストセラーの新訳！

ジッド
神西清訳
田園交響楽
彼女はなぜ自殺したのか？ 待ち望んでいた手術が成功して眼が見えるようになったのに。盲目の少女と牧師一家の精神の葛藤を描く。

ユゴー
佐藤朔訳
レ・ミゼラブル（一〜五）
飢えに泣く子供のために一片のパンを盗んだことから始まったジャン・ヴァルジャンの波乱の人生……。人類愛を謳いあげた大長編。

モーパッサン
新庄嘉章訳
女の一生
修道院で教育を受けた清純な娘ジャンヌを主人公に、結婚の夢破れ、最愛の息子に裏切られていく生涯を描いた自然主義小説の代表作。

モーパッサン
青柳瑞穂訳
脂肪の塊・テリエ館
〝脂肪の塊〟と渾名される可憐な娼婦のまわりに、ブルジョワどもがめぐらす欲望と策謀の罠――鋭い観察眼で人間の本質を捉えた作品。

青柳瑞穂訳
モーパッサン短編集（一〜三）
モーパッサンの真価が発揮された傑作短編集。わずか10年の創作活動の間に生み出された多彩な作品群から精選された65編を収録する。

ゾラ
古賀照一訳
居酒屋
若く清純な洗濯女ジェルヴェーズは、職人と結婚し、慎ましく幸せに暮していたが……。十九世紀パリの下層階級の悲惨な生態を描く。

フローベール
芳川泰久訳
ボヴァリー夫人
恋に恋する美しい人妻エンマ。退屈な夫の目を盗み重ねた情事の行末は？　村の不倫話を芸術に変えた仏文学の金字塔、待望の新訳！

G・G=マルケス
野谷文昭訳

予告された殺人の記録

閉鎖的な田舎町で三十年ほど前に起きた幻想とも見紛う事件。その凝縮された時空に共同体の崩壊過程を重層的に捉えた、熟成の中篇。

P・ギャリコ
古沢安二郎訳

ジェニィ

まっ白な猫に変身したピーター少年は、やさしい雌猫ジェニィとめぐり会った……二匹の猫が肩寄せ合って恋と冒険の旅に出発する。

P・ギャリコ
矢川澄子訳

スノーグース

孤独な男と少女のひそやかな心の交流を描いた表題作等、著者の暖かな眼差しが伝わる珠玉の三篇。大人のための永遠のファンタジー。

ヘミングウェイ
高見浩訳

日はまた昇る

灼熱の祝祭。男たちと女は濃密な情熱と血のにおいに包まれて、新たな享楽を求めつづける。著者が明示した〝自堕落な世代〟の矜持。

ルナール
高野優訳

にんじん

赤毛でそばかすだらけの少年「にんじん」を、母親は折りにふれていじめる。だが、彼は負けず生き抜いていく——。少年の成長の物語。

ナボコフ
若島正訳

ロリータ

中年男の少女への倒錯した恋を描く誤解多き問題作にして世界文学の最高傑作が、滑稽でありながら哀切な新訳で登場。詳細な注釈付。

遠山一行著
ショパン
―カラー版作曲家の生涯―
ショパンはいかにして自分の〈音〉を発見したか。ジョルジュ・サンドとの愛はなぜ破局に終ったのか。――天才作曲家の芸術と人間像。

ラディゲ
生島遼一訳
ドルジェル伯の舞踏会
貞淑の誉れ高いドルジェル伯夫人とある青年の間に通い合う慕情――虚偽で固められた社交界の中で苦悶する二人の心理を映し出す。

ラディゲ
新庄嘉章訳
肉体の悪魔
第一次大戦中、戦争のため放縦と無力におちいった青年と人妻との恋愛悲劇を描いて、青春の心理に仮借ない解剖を加えた天才の名作。

原田マハ著
楽園のカンヴァス
山本周五郎賞受賞
ルソーの名画に酷似した一枚の絵。秘められた真実の究明に、二人の男女が挑む! 興奮と感動のアートミステリ。

原田マハ著
デトロイト美術館の奇跡
ゴッホやセザンヌを誇る美術館の存続危機。大切な〈友だち〉を守ろうと、人々は立ち上がる。実話を基に描く、感動のアート小説!

原田マハ著
常設展示室
― Permanent Collection ―
ピカソ、フェルメール、ラファエロ、ゴッホ、マティス、東山魁夷。実在する6枚の名画が人々を優しく照らす瞬間を描いた傑作短編集。

椿姫
デュマ・フィス
新庄嘉章訳

椿の花を愛するゆえに〝椿姫〟と呼ばれる、上品で美しい娼婦マルグリットと、純情多感な青年アルマンとのひたむきで悲しい恋の物語。

ヴェルレーヌ詩集
堀口大學訳

不幸な結婚、ランボーとの出会い……数奇な運命を辿った詩人が、独特の音楽的手法で心の揺れをありのままに捉えた名詩を精選する。

ハイネ詩集
片山敏彦訳

祖国を愛しながら亡命先のパリに客死した薄幸の詩人ハイネ。甘美な歌に放浪者の苦渋がこめられて独特の調べを奏でる珠玉の詩集。

巴里の憂鬱
ボードレール
三好達治訳

パリの群衆の中での孤独と苦悩を謳い上げた50編から成る散文詩集。名詩集「悪の華」と並んで、晩年のボードレールの重要な作品。

ランボー詩集
堀口大學訳

未知へのあこがれに誘われて、反逆と放浪に終始した生涯——早熟の詩人ランボーの作品から、傑作「酔いどれ船」等の代表作を収める。

孤独な散歩者の夢想
ルソー
青柳瑞穂訳

十八世紀以降の文学と哲学に多大な影響を与えたルソーが、自由な想念の世界で、自らの生涯を省みながら綴った10の哲学的な夢想。

富士川英郎訳
リルケ詩集
現代抒情詩の金字塔といわれる「オルフォイスへのソネット」をはじめ、二十世紀ドイツ最大の詩人リルケの独自の詩境を示す作品集。

リルケ
高安国世訳
若き詩人への手紙・若き女性への手紙
精神的苦悩に直面している青年に、苛酷な生活を強いられている若い女性に、孤独の詩人リルケが深い共感をこめながら送った書簡集。

リルケ
大山定一訳
マルテの手記
青年作家マルテをパリの町の厳しい孤独と貧しさのどん底におき、生と死の不安に苦しむその精神体験を綴る詩人リルケの魂の告白。

モリエール
内藤濯訳
人間ぎらい
誠実であろうとすればするほど世間とうまく折り合えず、恋にも破れて人間ぎらいになっていく青年を、涙と笑いで描く喜劇の傑作。

ルナール
岸田国士訳
博物誌
澄みきった大気のなかで味わう大自然との交感——真実を探究しようとする鋭い眼差と、動植物への深い愛情から生み出された65編。

バルザック
平岡篤頼訳
ゴリオ爺さん
華やかなパリ社交界に暮す二人の娘に全財産を注ぎこみ屋根裏部屋で窮死するゴリオ爺さん。娘ゆえの自己犠牲に破滅する父親の悲劇。

新潮文庫最新刊

金原ひとみ著

アンソーシャル ディスタンス

谷崎潤一郎賞受賞

整形、不倫、アルコール、激辛料理……。絶望の果てに摑んだ「希望」に縋り、疾走する女性たちの人生を描く、鮮烈な短編集。

梶よう子著

広重ぶるう

新田次郎文学賞受賞

武家の出自ながらも絵師を志し、北斎と張り合い、やがて日本を代表する〈名所絵師〉となった広重の、涙と人情と意地の人生。

千葉雅也著

オーバーヒート

川端康成文学賞受賞

大阪に移住した「僕」と同性の年下の恋人。穏やかな距離がもたらす思慕。かけがえのない日々を描く傑作恋愛小説。芥川賞候補作。

カツセマサヒコ・山内マリコ
恩田陸・早見和真
結城光流・三川みり
二宮敦人・朱野帰子 著

もふもふ

―犬猫まみれの短編集―

犬と猫、どっちが好き? どっちも好き! 笑いあり、ホラーあり、涙あり、ミステリーあり。犬派も猫派も大満足な8つの短編集。

大塚已愛著

友喰い

―鬼食役人のあやかし退治帖―

富士の麓で治安を守る山廻役人。真の任務は山に棲むあやかしを退治すること! 人喰いと生贄の役人バディが暗躍する伝奇エンタメ。

森美樹著

母親病

母が急死した。有毒植物が体内から検出されたという。戸惑う娘・珠美子は、実家で若い男と出くわし……。母娘の愛憎を描く連作集。

新潮文庫最新刊

H・マッコイ
田口俊樹訳
屍衣《しい》にポケットはない
ただ真実のみを追い求める記者魂――。疾駆する人間像を活写した、ケイン、チャンドラーと並ぶ伝説の作家の名作が、ここに甦る！

燃え殻著
夢に迷って
タクシーを呼んだ
いつか僕たちは必ずこの世界からいなくなる。日常を生きる心もとなさに、そっと寄り添ったエッセイ集。「巣ごもり読書日記」収録。

石井光太著
近親殺人
―家族が家族を殺すとき―
人はなぜ最も大切なはずの家族を殺すのか。事件が起こる家庭とそうでない家庭とでは何が違うのか。7つの事件が炙り出す家族の姿。

池田理代子著
フランス革命の女たち
―激動の時代を生きた11人の物語―
「ベルサイユのばら」作者が豊富な絵画と共に語り尽くす、マンガでは描けなかったフランス革命の女たちの激しい人生と真実の物語。

山船晃太郎著
沈没船博士、海の底で
歴史の謎を追う
世界を股にかけての大冒険！　新進気鋭の水中考古学者による、笑いと感動の発掘エッセイ。丸山ゴンザレスさんとの対談も特別収録。

寮美千子編
名前で呼ばれたことも
なかったから
―奈良少年刑務所詩集―
「詩」が彼らの心の扉を開いた時、出てきたのは宝石のような言葉だった。少年刑務所の受刑者が綴った感動の詩集、待望の第二弾！

フランス革命《かくめい》の女《おんな》たち

激動の時代を生きた11人の物語

新潮文庫　　い－147－1

令和六年二月一日発行

著者　池《いけ》田《だ》理《り》代《よ》子《こ》

発行者　佐藤隆信

発行所　株式会社新潮社

郵便番号　一六二―八七一一
東京都新宿区矢来町七一
電話 編集部(〇三)三二六六―五四四〇
読者係(〇三)三二六六―五一一一
https://www.shinchosha.co.jp

組版／新潮社デジタル編集支援室

価格はカバーに表示してあります。

乱丁・落丁本は、ご面倒ですが小社読者係宛ご送付ください。送料小社負担にてお取替えいたします。

印刷・大日本印刷株式会社　製本・加藤製本株式会社

© Ikeda Riyoko Production 2021 Printed in Japan

ISBN978-4-10-104871-0 C0195